설교 한 편 만들기

이 책은 B.J. de Klerk & F.J. van Rensburg, *The Making of a Sermon: A Practical Guide to Reformed Exegesis and Preaching applied to 1 Peter 2:11-12, 18-25* (Potchefstroom: Faculty of Theology, 1999[개정증보판은 2005])를 번역한 것이다(역자 주).

설교 한 편 만들기

초판 인쇄	2018년 8월 14일
초판 발행	2018년 8월 20일
지은이	벤 드 클러크 & 피카 밴 렌스버그
옮긴이	송영목
발행처	도서출판 생명의 양식
등록번호	서울 제22-1443호(1998년 11월 3일)
주소	06593 서울시 서초구 고무래로 10-5(반포동)
전화	02-533-2182
팩스	02-533-2185
홈페이지	www.edpck.org
디자인	최건호
표지일러스트	박다영
ISBN	979-11-6166-043-1 (03230)

책값은 뒷표지에 있습니다.

이 책은 저작권법에 의해 보호를 받는 출판물입니다.
기록된 형태의 출판사의 허락이 없이는 무단 전재와 복제를 금합니다.

벤 드 클러크
& 피카 밴 렌스버그 지음

설교 한 편 만들기

베드로전서 2:11-12, 18-25에 적용한
개혁주의 석의와 설교를 위한 실제 가이드

송영목 옮김

생명의 양식
THE BREAD OF LIFE

목차

저자 서문 *7*

제1단계
성령님의 인도와 기억나게 하심을 위한 기도 *11*

제2단계
단락을 결정함 *15*

제3단계
단락의 문맥을 고려함 *19*

제4단계
단락의 사회-역사적 상황 *47*

제5단계
중요 구절 안의 주요 단어의 의미 연구 *55*

제6단계
관련 성경 구절과 계시 역사 *61*

제7단계
단락 안의 하나님에 관한 계시 *69*

제8단계
단락 안의 구원의 사실들과 권면 *75*

제9단계
단락의 의사소통적 목표 *83*

제10단계
주석 자료들을 참고하기 *89*

제11단계
적용 가능한 사회-역사적 상황 *93*

제12단계
하나님이 원하시는 바를 행하기 위한 당신의 행동 *105*

제13단계
단락을 위한 설교의 요지와 대지들 *115*

제14단계
되돌아보고 수정하라 *121*

제15단계
단락을 위한 설교의 구조 *125*

제16단계
설교의 서론과 결론 *131*

제17단계
설교문 작성 *137*

제18단계
설교 자료들을 참고하기 *151*

제19단계
작성에서 전달까지 *155*

저자 서문

이 지침서는 여전히 완성을 위해 진행 중이며, 내용에 나타나 있듯이 특정 부분들은 더 보완되어야 한다. 이 지침서는 남아프리카공화국의 남아공 개혁교회(GKSA)의 North-West대학교(포쳅스트룸캠퍼스) 안의 수요만을 위해 의도된 것으로, 신학생들이 설교를 작성할 때 도움을 주려고 작성되었다. 비록 이 책이 '가이드'(guide, 지침서)라고 명명되었지만, 여기에 소개된 석의와 설교의 단계들만 타당하거나 최선이라고 보아서는 안 된다. 다만 이 책의 의도는 학생들로 하여금 적어도 설교를 작성하는 한 가지 방법에는 익숙하도록 만드는 것이다. 차후에 학생들은 더 나은 자신만의 방법을 개발할 수 있을 것이다. 우선적으로 이 지침서는 교수용으로 작성되었다. 이 책은 서로 연관된 신학 분과들(특별히 석의, 해석학 그리고 설교학)의 통일성을 증명할 필요로부터 태동되었는데, 신학 각 분과의 내용을 통하여, 신학 분과들이 한 권의 책으로 통합되어야 한다는 인식을 바탕으로 만들었다.

그리고 우리는 어떤 조언이나 비평도 환영하는 바이다.

Ben J. de Klerk & Fika J. van Rensburg
포쳅스트룸에서

설교 한 편 만들기

제1단계
성령님의 인도와
기억나게 하심을 위해 기도하라
(모든 단계에 지속적으로!)

설교 한 편 만들기

> 설교자는 성령님에 의해 준비되어야 하며,
> 주석 과정과 회중에게 설교를 전달할 때까지
> 전체 과정에 전적으로 성령님만을 의지해야 마땅하다.

제1단계

성령님의 인도와 기억나게 하심을 위해 기도하라
(모든 단계에 지속적으로!)

성령님은 설교라는 특정한 작업을 위해 설교자를 준비시키실 뿐 아니라, 주석과 설교의 전체 과정을 통해 설교자 안에서 역사하신다. 하나님 말씀은 이런 조건 안에서만 신실하게 전달할 수 있으므로, 주석가와 설교자는 누구보다 성령 충만해야 한다. 사도행전에서 증언과 설교가 언급될 때마다, 중요한 조건은 성령 충만이었다(참고. 행 2:4; 4:31; 9:17-20; 13:7-10). 성령 충만은 당신의 증인(설교) 사역에 열정을 불어넣는다.

성령님은 하나님의 지식에 관한 깊은 통찰력을 주신다. 성령님은 설교 준비에 있어서 설교자들을 인도하시는데, 성령님의 역사를 통해서만 설교자는 주님께서 이루신 구원의 위대함을 깨달을 수 있기 때문이다(참고. 엡 1:17-20; 3:18). 성령님은 계시의 영이시다. 성령님은 설교자로 하여금 그리스도에 의한 구원을 수용하도록 인도하신다. 또한 성령님은 지혜의 영이시다. 성령님은 하나님의 자기 계시에 관한 깊은 통찰력을 설교자에게 주실 뿐 아니라, 그분의 지혜를 증거하도록 돕는 원동력이 되신다.

이러한 이유로 성령님은 설교자를 위해 성경을 열어주시는데(마

11:25; 고전 2:10), 그분은 이 일을 다음과 같은 설교자의 노력을 통하여 이루신다: '석의, 연구, 묵상, 기도, 말씀에 설교자 자신을 노출함, 작성 그리고 마지막으로 전달.' 설교자 안에 계신 성령님의 역사는 설교자의 작업을 장황하게 만들지 않는다. 땀(노력과 수고)과 영감(성령님의 인도, 조명과 동기)은 동전의 양면이다. 설교자는 성령님에 의해 준비되어야 하며, 주석 과정과 회중에게 설교를 전달할 때까지 전체 과정에 전적으로 성령님만을 의지해야 마땅하다.

따라서 성령님과의 이런 교제는 설교에서 설교자를 확신에 차도록 만들면서 설교자로 하여금 성령의 열매인 겸손을 잃지 않도록 돕는다. 말씀 사역에 있어, 설교자의 설교와 성령님의 의도는 때로 동일하지 않을 수 있음을 분명히 해야 한다. 그렇지 않으면 인간의 죄성에 관한 우리의 고백을 무효화 할 것이다. 비록 성령님은 설교자를 완전한 방식으로 인도하시지만, 설교자가 그분을 완전한 방식으로 따를 수 없다. 이러한 이유 때문에 설교자는 석의를 시작하기 전에 반드시 성령님의 인도와 기억나게 하심을 위해 지속적으로 기도해야 한다.

제2단계
단락을 결정하라

> 단락이야말로 해석을 위한
> 하나의 최소 단위(unit)로 취해져야 한다.

제2단계

단락을 결정하라

하나의 단락(pericope 혹은 paragraph)은 성경의 한 부분 자체로서 독립적인 단위로 설정 가능한데, 책의 나머지 부분과의 맥락 안에서 독자적 메시지를 전달할 수 있다. 그런데 하나의 단락을 결정하는 것은 다양한 방식으로 가능하다.

연속 설교의 경우, 한 단락은 다른 단락을 뒤따르며 설명한다. 따라서 단락은 실제적인 출발점이다. 그러나 종종 하나의 단락이 아니라 더 작은 단위인 문장 하나가 관심사가 될 때가 있다. 그러나 문장은 독자적으로 해석되어서는 안 된다. 따라서 단락이야말로 해석을 위한 하나의 최소 단위(unit)로 취해져야 한다.

제3단계
단락의 문맥을 고려하라

> 전형적으로 단락은
> 하나의 사고단위(a thought unit)여야 하는데,
> 그 안에서 특정 주제에 관해 논의되어야 한다.

제3단계

단락의 문맥을 고려하라

다루고자 하는 단락의 문맥이란 그것이 속한 책과 전체 성경 안에서의 그 단락의 위치를 의미한다. 따라서 그 단락이 속한 책과 성경의 다른 부분이 어떻게 연결되는가를 살펴야 한다.

단락이 속한 책 안에서 단락의 위치

이론적 지침

　위에서 언급한 바와 같이, 여기서 한 단락은 본문의 한 단락을 가리킨다. 단락 구분은 장, 절, 그리고 문단의 배치를 이해하도록 돕는데, 그런 구분은 하나의 특정 주제가 단락 안에서 어떻게 논의되는지 알려준다. 이것은 성경의 문학적 문체 연구에 있어서 꽤 새로운 발견이다. 비록 현대의 성경과 헬라어 성경은 단락을 구분하여 표기하지만, 성경 원본은 심지어 단어 사이의 간격이나 단락의 구분조차 없었다. 이 이유로 석의자(설교자)는 단락을 주의 깊게 잘 살펴서 구분해야 한다. 신약 UBS(GNT) 헬라어 성경을 단락 구분의 출발점으로 사용 가능하며, 다른 번역본과 비교해 볼 수 있다. 궁극적으로 석의자 자신이 헬라어 성경으로부터 독자적으로 단락을 구분할 수 있어야 한다.

전형적으로 단락은 하나의 사고단위(a thought unit)여야 하는데, 그 안에서 특정 주제에 관해 논의되어야 한다. 이것은 종종 단락 구분을 위한 힌트를 제공하는 표지(markers)를 포함한다. 새 단락을 위한 표지는 접속사, 혹은 독자를 언급하는 부분이다(예. '나의 형제들아'). 표지들은 그 자체로 존재 의의를 가지지 않는다. 대신 특정 부분의 내용은 그 표지들의 해석과 일치해야 한다. 따라서 다른 주제로의 전환은 명백히 새로운 단락의 시작으로 볼 수 있다.

이것에 관한 유용한 자료로는 "The Bible in Your Life"[1]와 특별히 신약을 위해서는 프레토리아대학교 신약학 은퇴 교수인 A.B. du Toit이 편집한 "Guide to the New Testament"(Pretoria: NGKB)시리즈를 보기를 바란다.[2] 또한 성경 주석의 서론 부분도 이와 관련하여 유용하다.

베드로전서 2:11-12, 18-25에의 적용

벧전 2:11 이하와 선행하는 본문 사이의 관계를 명백하게 지시하는 '그러므로' 혹은 '왜냐하면'과 같은 접속사가 없다. 2:11 이하의 내용에

---

1. 이 소책자들은 Fika J. van Rensburg 교수가 신약 각 권을 간략히 주석하고 적용한 것이다 (역자 주).
2. 이 시리즈는 남아공 신약학자들이 신약 정경론, 배경사 및 신약 각 권의 서론과 신학을 다룬 것인데, 1983년 이래로 제 1-2권, 그리고 제 4-6권이 출판되었고, 제 3권(신약해석학)이 현재 스텔렌보쉬대학교의 B.C. Lategan교수의 인도 하에 집필 중이다(역자 주).

근거해 볼 때, 하나님을 통해 주어진 중생에 기초한 권면으로 해석해야 한다(참고. 벧전 1:3).

"내가 너희를 명하여 … 한다"는 명령의 힘을 가지며 2:11-12 전체를 통제한다. 그 다음 명령형은 Ὑποτάγητε(복종하라, 13절)인데, 이것은 2:13-17 전체를 통제한다. 따라서 2:13은 독립된 단락의 시작을 지시한다.

벧전 2:11-12의 내용에 근거해 보면, 이 구절은 2:11-4:19 전체의 서론으로 해석해야 한다. 2:11-12는 거류민과 나그네의 신분에 관해 기본적이고 일반적인 권면을 포함한다. 2:13부터는 일반적인 권면의 다양한 적용이 다루어지는데, 2:13-17은 첫 번째 적용이며 2:18-25는 두 번째 적용이다.

벧전 2:18-25의 주동사는 ὑποτασσόμενοι(복종하라, 18절)인데 분사로 나타난다. 비록 2:18-25와 선행하는 본문 사이의 관계를 지시하는 ('그러나'와 같은) 접속사가 없지만, 이 분사는 2:13의 명령형 Ὑποτάγητε의 지속으로 해석해야 한다. 그러나 2:18-25는 이 단락의 내용에 근거하여 거류민과 나그네에 관한 2:11-12의 기본적 권면에 관한 두 번째 실제적인 적용으로 이해해야 한다. 베드로전서 전체에서 벧전 2:11-12와 2:18-25의 위치는 아래에서 보는 바와 같다.

벧전 2:11-4:19는 벧전 1:3-12에 기초한 네 개의 권면 중 세 번째 권면을 포함한다. 적어도 KJV나 NIV를 사용하여 벧전 2:11-4:19를 읽어보길 바란다. 그리고 다음의 도표를 사용하여 베드로전서 전체에서 이 단락의 위치에 주목하라. 특별히 2:11-12가 서론임에 주목하라. 이것은 다섯 가지로 적용되는 기본적인 권면을 포함한다. 또한 뒤에서 주해할 벧전 2:11-12, 18-25에 주목하라.

편지 머리글

벧전 1:1-2: 저자, 수신자 그리고 문안 인사

편지 시작

1:3-12: 찬송하리로다. 우리 주 예수 그리스도의 아버지 하나님. 그분은 우리에게 새 생명을 주셨다.

기초가 되는 중생에 관한 4가지 권면

- 권면 1: 1:13-25: 너희의 소망을 온전히 은혜 위에 두고 거룩하라
- 권면 2: 2:1-10: 중생한 자의 동료 신자와 함께 그리고 개인적인 성장의 의무
- 권면 3: 2:11-4:19: 이방인을 위한 행동의 코드

   2:11-12 기본적인 권면

   2:13-17: 정치 권세와의 관계

   2:18-25: 고용주와의 관계

   3:1-7: 배우자와의 관계

   3:8-12: 일반적인 이웃과의 관계

   3:13-4:19: 부당한 고난에 대한 태도와 반응
- 권면 4: 5:1-11: 교회 안에서의 행동 방식

결론

5:12-14: 목적, 인사, 편지 결어

벧전 2:11-4:19 안에서의 2:11-12와 18-25의 위치는 아래 도표에서 분명해 진다.

벧전 2:11-4:19: 하나님의 의해 주어진 중생에 기초한 세 번째 권면

기본적 권면: 모든 관계에서 선하라

2:11-12: 너희는 거류민과 나그네이기에 육체의 정욕을 제어하라. 이방인 중에서 선하라.

정부와의 관계에서 적용

2:13-17: 모든 인간 권세에 복종하라. 왜냐하면 하나님이 너희에게 요구하시기 때문이다.

고용주와의 관계에서 적용

2:18-25: 그리스도의 모범을 따라서 너희는 부당한 고용주에게도 순종하여야 한다.

배우자와의 관계에서 적용

3:1-7: 여성이 차별당하는 사회에서 조차도, 결혼한 사람을 향한 하나님의 권면은 타당하다.

일반적인 이웃과의 관계에서 적용

3:8-12: 삶의 참된 기쁨은 동료 인간에 관한 하나님의 권면을 시행하는 데 있다.

> **불의에 대한 태도와 반응**
>
> 3:13-4:19: 비록 너희가 바른 것을 행함으로 고난을 받지만, 이것이 하나님 앞에서 칭찬받을 만한 것임을 알아야 한다.

성경 안에서 베드로전서의 위치

이론적 지침

이 단계에서 성경 안에서 베드로전서의 위치를 의식적으로 고려하는 것이 중요하다. 첫 번째로 넓은 의미에서, "이것은 구약에 속하는가, 아니면 신약에 속하는가?" 그 다음에, "이 책은 어떤 책들의 모음에 속하는가?" 예를 들어, 이것은 구약의 역사서의 한 권인가? 예언서의 한 권인가? 복음서 혹은 서신서의 한 권인가?

베드로전서에 적용

베드로전서는 신약 성경 중 공동서신(일반서신)의 한 부분이다.

단락과 단락이 속한 책의 장르

이론적 지침

문학이론은 다양한 장르를 구분하며, 각각의 장르는 자신의 고유한 해석의 법칙이 있음은 일반적으로 받아들이고 있는 사실이다. 다양한 장르가 성경 안에 있다. 몇몇 전체 책들이 하나의 특정한 장르로 분류될 수 있는 반면에, 한 책 안의 다른 부분들을 따로 분류할 필요도 있다.

각각의 장르가 독자적인 해석의 법칙을 가지기 때문에, 특정한 단락의 장르를 먼저 결정하는 것이 중요하고, (만약 그러한 분류가 가능한 경우라면) 책의 장르를 결정하는 것도 중요하다. 그 다음 장르에 관한 해석의 법칙을 세워야 한다. 장르 연구를 위해서는 J. Bailey & L. Vander Broek, *Literary Forms in the New Testament* (Louisville: Westminster, 1992), 그리고 W.C. Kaiser & M. Silva, *An Introduction to Biblical Hermeneutics* (Grand Rapids: Zondervan, 1994)를 참고하라.

베드로전서 2:11-12와 2:18-25에의 적용

벧전 2:11-12는 '가정 규례'(Household Codes; 2:13-3:7)라는 작은 장르(micro genre)의 서론 역할을 한다. 2:11-12는 다음의 세 가지 가정 규례의 기초이다.

- 2:13-17: 정부와의 관계를 위한 권면
- 2:18-25: 고용주와의 관계를 위한 권면
- 3:1-7: 배우자와의 관계를 위한 권면

베드로전서의 장르는 서신이며, 따라서 서신과 가정 규례를 위한 해석 법칙을 고려해야 한다.

단락의 사고구조 분석

이론적 지침

이 글의 목적을 위해서, 본문 분석은 본문의 요소들 간의 작고(micro) 큰(macro) 단계의 관계로 이해되어야 한다. 아래는 본문 분석을 위한 이 방법에 대한 개괄적인 서론이다. 먼저 몇몇 용어의 개념을 설명한 후, 예를 들어 설명할 것이다. 그리고 특정한 이론적인 이슈들이 다루어지고, 마지막으로 사고구조 분석의 작은 단계와 큰 단계의 제시가 논의 될 것이다.

아래의 문장과 설명을 주목하라.

"사탄이 그들을 잘못 인도했기에 형제는 자매를 미워한다"라는 문장에서, 각 단어는 관련 있는 요소로 기능한다.

사탄이 그들을 잘못 인도했기에 형제는 자매를 미워한다

더욱이 이 요소들은 서로서로 중요한 관계를 가진다.

'미워하다'는 두 번째 절의 동사다.

'형제'와 '미워한다'는 '주어-동사'의 관련성을 가진다.

'미워하다'와 '자매'는 '동사-목적어'의 관련성을 갖는다.

'잘못 인도했다'는 첫 번째 절의 동사다.

'사탄'과 '잘못 인도했다'는 '주어-동사'의 관계다.

'잘못 인도했다'와 '그들을'은 '동사-목적어'의 관계다.

"형제는 자매를 미워한다"와 "사탄이 그들을 잘못 인도했다"는 두 사고의 단위다.

'때문에'는 접속사인데, 두 사고 단위를 '이유-결과'로 연결한다.

사고구조 분석의 작은 단계와 큰 단계

사고구조 분석의 작은 단계는 다음의 단계와 관련있다.

- 다른 관련 요소들과의 구분
- 형태학상 그리고 구문론적 고려와 넓은 의미에서 단어의 어휘의미론적인 고려를 통하여 다른 요소나 사고 단위 간의 관련 형태를 결정함

- 요소들(작은 단계)과 사고 단위들(큰 단계) 사이의 의미론적 해석

이 단계들은 시간적으로 진행되기보다, 단계들 간의 지속적인 상호작용이 중요하다. 다른 단계를 활용하지 않고는 어떤 단계도 최종적으로 완성할 수 없다. 작고 큰 단계에 있어서, 어떤 단계도 전체 단계가 완성되기 전에는 온전히 이해할 수 없다.

작은 단계에서의 관련 요소들 그리고 큰 단계에서의 관련 요소들

작은 단계의 관련 요소는 하나의 단어 혹은 단어들의 연합(구)인데, 문장 안에서 다른 단어 혹은 구와 중요한 관계를 가진다. 이러한 관련 요소는 사고 단위를 형성하는데, 다른 단어 혹은 사고 단위와 관계를 맺는다.

앞의 예를 다시 살펴보라. 여기서 관계는 두 단어의 관련성에만 한정되지 않음을 주의하라: (예) '형제'와 '미워하다.' 이것은 구 사이의 관계도 포함한다. (예) "형제는 자매를 미워한다."와 "사탄은 그들을 잘못 인도했다." 이것의 관련성은 두 개의 독립된 문장에 적용되는 것이다. 예를 들어, 아래의 두 문장을 연구해 보라.

나는 아프다. 따라서 나는 병원에 갈 것이다.

두 번째 문장(따라서 나는 병원에 갈 것이다)은 첫 문장(나는 아프다)

의 결과이다. 접속사인 '따라서'는 두 문장을 결과적으로 묶는다. 하지만 표현은 없지만, 첫 문장은 결과를 이끄는 원인이다. 따라서 이 두 문장의 관계는 '원인-결과'이다. 표시 안 된 문장에 당신이 정확히 라벨(label)을 붙였는지 확인하는 단순한 방법은 문장의 순서를 바꾸어 보는 것이다.

나는 병원에 갈 것이다. 왜냐하면 나는 아프기 때문이다.

이번에는 "나는 아프다"가 접속사 '때문에'에 의해서 '원인'이 된다. 이런 관계는 가장 작은 단계에서 가장 큰 단계에까지 존재하며, 한 단어 사이의 관계에서, 혹은 한 문장, 단락들, 장들 전체의 관계에도 존재한다. 아래의 베드로전서의 예시가 이것을 증명한다.

> 벧전 1:13의 한글성경(혹은 NIV)을 펴보라.
> 벧전 1:13은 아래 단어들로 시작한다.
> 그러므로 너희 마음을 행동을 위하여 준비하라; 근신하라 ……
> '그러므로'는 1:13 이하와 선행하는 단락의 관계를 표시한다. 이것은 1:13 이하가 선행 단락의 '결과'임을 보여준다. 따라서 선행 단락(1:3-12)과 1:13 이하의 관계는 '원인-결과'이다.

사고구조의 작은 단계와 큰 단계

하나의 본문 안에 있는 모든 요소들은 서로 연결되어 있다. 즉 본문의 다른 요소들과 중요한 관련성을 갖고 있다. 이 중요한 연관성은 본문의 사고구조를 형성한다. 따라서 한 본문의 사고구조는 그것의 다양한 요소들 간의 관련성이다. 사고구조의 작은 단위는 특정 본문의 가장 작은 단위들(한 단어)을 포함하여 본문의 모든 단위와 상호 관련성을 갖는다.

발화의 다른 부분들은 한 동사와 연결되는데, 그러한 묶음(그룹)은 하나의 사고 단위다. 사고구조의 큰 단계는 본문의 모든 사고구조 단위들 간의 상호 관련성을 밝히는 것이다. 환언하면, 단어들 간의 관련성이 아니라, 사고 단위들(동사 묶음) 사이의 관련성이다.

사고구조의 작은 단계의 분석은 모든 요소들 간의 관련성에 관한 해석을 제공한다. 사고구조의 큰 단계의 분석은 본문의 사고 단위들 간의 관련성에 관한 해석을 제공한다. 따라서 이 둘의 유일한 차이는 세부적인 것이다. 작은 단계에서는 모든 단어 사이의 관계가 밝혀지지만, 큰 단계에서는 오직 사고 단위들의 관계만 밝힌다.

한 본문 안에서의 다양한 관계의 가능성

한 본문 안에서 단어와 사고 단위 사이에의 다양하고 타당한 관계들이 존재한다. 하지만 적어도 하나의 제한이 있다. 해석의 구문적 타당성이 그것이다. 이 상대성은 성경의 권위에 관한 논란을 야기하지 않는다. 성경이 상대적인 것이 아니라, 우리가 성경을 해석하는 방법이 상대적이기 때문이다.

사고구조의 작은 단계의 제시

가능한 관련성들은 아래와 같다.

관계	예
• 행동-행위자	<u>사람</u>이 책 한 권을 준다.
• 행동-행동의 작용	사람이 <u>책 한 권을</u> 준다.
• 행동-영향을 받는 것	사람이 책 한 권을 <u>그 종에게</u> 준다.
• 연결-명명	<u>사람</u>은 선생이다.
• 행동[3]-조건	사람은 <u>늘</u> 책 한 권을 준다.
• 행위자[4]-수식	<u>착한</u> 사람은 책 한 권을 준다.
• 비연결[5]	<u>친구</u>, 그 사람은 종에게 책 한 권을 준다.

작은 단위에서 이 모든 관계들이 나타난다. 즉 가장 세부적인 것들 사이의 관계다. 아래의 구문(작은 단계)분석의 원칙을 참고하라.

(1) 주동사는 도표에서 가장 왼쪽에 위치시킨다.

(2) 동사에는 밑줄을 긋는다.

---

3. '행동'뿐 아니라 '연결'과 '수식'은 이런 관련성의 한 특성이다.
4. '행위자'뿐 아니라 '행동의 작용'(acted upon), '영향을 받는 것'(affected), '명명'(named)과 '연결'(linked)은 이런 관련성의 특성을 구성한다.
5. 이 일곱 번째 형태의 관련성은 엄격히 말해서 '관련'이 아닌데, 이유는 이것이 문장의 어떤 요소와도 연결되지 않기 때문이다. 따라서 '비연결'이라 명명된다.

(3) 주어의 왼편에 짧은 수직선(│)을 긋는다.

(4) 주어에서 동사 쪽으로 화살표(→)를 그린다.

(5) 직접 목적어는 동사에서 2중 화살표 (→→)로 연결한다.

(6) 간접 목적어는 동사에서 화살표(→)로 연결한다.

(7) 피수식어에서 수식어 쪽으로 화살표(→)를 그린다. 예를 들어, 명사에서 형용사 쪽으로, 그리고 동사에서 전치사구(혹은 부사) 쪽으로 화살표(→)를 그린다.

(8) 호격은 □ 안에 독립적으로 처리한다.

(9) 주동사에서 종속절(예. 분사, 부정사) 쪽으로 화살표(→)를 그린다.

(10) 동사에서 보어로 화살표(→)를 그린다.

(11) 접속사는 바로 앞, 뒤 단어와 하나로 취급하여 같은 줄에 배치한다.

(12) εἰμί의 보어는 εἰμί 아래가 아니라 오른편에서 ⌐→ 로 연결한다.

(13) 비슷한 문장의 구성요소는 하나로 묶을 수 있다. 예를 들어, 두 개 이상의 직접목적어는 동사에서 각각 선과 화살표로 연결하는 대신에, 하나의 선에서 각각 화살표로 연결한다.

(14) 도표의 페이지가 넘어갈 때는 ⊥와 ⊤와 표시한다.

(15) 한 문장 안에서 선이나 화살표로 연결하기 어려운 대등절은 헬라어 본문 왼편에 ⌐로 연결한다.

(16) καί와 같은 (후접)접속사는 도표의 수직선 왼편으로 옮기는 경우가 많다.

(18) 선행사에서 관계대명사로 화살표(→)를 그린다.

(19) 동격은 좌에서 우로 계단식으로 표시한다.

(20) 생략된 단어(주로 동사)는 ( ) 안에 표기한다.

(21) 선과 화살표는 대부분 헬라어 본문의 왼쪽에서 움직이는데, 주동사가 중심축이다. 동격의 경우는 가끔 헬라어 본문의 오른쪽으로 선이 연결된다.

(22) 선과 화살표는 서로 겹칠 수 없다.

(23) 구문분석을 도표화할 때 헬라어 성경의 단어 순서를 바꾸지 않은 채 위에서 아래로 다시 쓴다.[6]

사고구조의 제시

만일 누군가 각 단락의 사고구조의 작은 단계를 서로 연결시킨다면, 당신은 편지/책 전체의 구조에 관한 묘사를 확보하게 된다. 하지만 여기서 지면 관계상 이것을 개관하는 것은 불가능하다. 그런데 사고구조의 작은 단계의 관계 중 다수는 큰 단계의 형태로 제시될 때에 잘 반영이 안 될 수 있다. 왜냐하면 사고구조의 큰 단계에서는 문장의 내적 관계들은 더 이상 제시되지 않고, 문장 간의 그리고 단락 간의 관련성만 제시하기 때문이다.

- 성경 본문의 사고 단위는 한 블록(네모 박스) 안에 위치한다.

---

6. 벧전 2:18-25의 작은 단계(구문)분석은 이 글 맨 뒤의 부록을 참고하라(역자 주).

- 성경 본문의 한 블록과 연관된 다른 블록 사이의 관계는 연결선으로 지시된다.
- 관계의 정의는 블록 바로 위에 기록한다.

사고구조의 작은 단계와 큰 단계 사이의 차이점은 아래와 같다.

- 작은 단계는 헬라어 본문을 사용하며, 큰 단계는 한글(영어) 성경을 사용한다.
- 작은 단계에서는 모든 요소의 관련성이 지적되지만, 큰 단계에서는 오직 문장들과 단락들의 관계성만 지적된다.
- 작은 단계에서는 개별 단어의 관련성에 더 초점이 모아지지만 큰 단계에서는 그것이 구, 문장, 단락이든 간에 사고의 단위의 관련성에 초점이 모아진다.

사고 단위들 간의 관련성은 3가지 주요 부분으로 나누어진다.

- 표제 - 첨가
- 표제 - 지원
- 부분적 관계들

아래의 도표는 사고 단위들 간의 가능한 관계들을 제시한다.

1. 표제 - 첨가
   표제 - 시간적 첨가
   표제 - 연속적 첨가
   표제 - 동시적 첨가
   표제 - 비 시간적 첨가
   표제 - 대안적 첨가
   표제 - 결합된 첨가
2. 표제 - 지원
   2.1. 표제 - 논의
       2.1.1. 원인 - 결과
       2.1.2. 수단 - 결과
       2.1.3. 수단 - 목적
       2.1.4. 근거 - 결론
       2.1.5. 양보 - 반 기대
       2.1.6. 조건 - 결과
   2.2. 표제 - 서론
       2.2.1. 서론 - 표제
       2.2.2. 서론 - 내용(표제)
       2.2.3. 상황(시간, 위치, 환경) - 표제
   2.3. 표제 - 설명

2.3.1. 표제 - 설명(재 진술과 함께)
    2.3.1.1. 표제 - 동가성(equivalence)
    2.3.1.2. 표제 - 강화
    2.3.1.3. 전체적(표제) - 특정적
2.3.2. 표제 - 설명(재 진술 없이)
    2.3.2.1. 표제 - 방식
    2.3.2.2. 표제 - 비교
    2.3.2.3. 표제 - 대조
3. 부분적 관계들
  코멘트
  삽입어구

베드로전서 2:11-12, 18-25에의 적용

사고구조 분석의 작은 단계

벧전 2:18-25의 사고구조 분석의 작은 단계를 제시함에 있어서, 2:11-12에 주동사가 포함되어 있어 그 동사와 나머지 전체의 관계를 보여주도록 시도할 것이다.

사고구조의 큰 단계 분석

다음 도표는 벧전 2:11-12의 사고구조 분석의 큰 단계이다.

벧전 2:11-12: 거류민과 나그네를 위한 기본적 삶의 원칙

기본적인 권면의 근거

2:11a: 너희는 거류민과 나그네이기 때문에

기본적인 권면

2:11b: 내가 너희를 권하노니 육체의 정욕을 제어하라

죄악 된 정욕에 관한 묘사

2:11c: 너희의 영혼을 거스리는

더 특정한 몇 가지 기본적 권면

2:12a: 이방인 중에서 행실을 선하게 가지라

선한 삶의 두 가지 목적

2:12b: 너희 선한 일을 보고 권고하시는 날에 하나님께 영광을 돌리게 하려 함이라

당신의 선한 삶에도 불구하고

2:12b: 그들이 너희를 악행한다고 비방함에도 불구하고

벧전 2:18-25의 사고구조 분석의 큰 단계는 아래와 같다.

벧전 2:18-25: 벧전 2:11-12의 일반적 원칙의 두 번째 실제적 적용

> **종을 위한 기본적인 권면**
>
> > 2:18: 범사에 두려움으로 주인들에게 순복하되 선하고 관용하는 자들에게만 아니라 또한 까다로운 자들에게도 그리하라
>
> > **당신이 까다로운 주인들에게도 복종해야 할 동기**
> >
> > > 2:19: 왜냐하면 애매히 고난을 받아도 하나님을 생각함으로 슬픔을 참으면 이는 아름다운 것이기 때문에
> >
> > > **동기에 대한 자세한 설명**
> > >
> > > > 2:20a: 죄가 있어 매를 맞고 참으면 무슨 칭찬이 있으리요
> > > > 2:20b: 그러나 오직 선을 행함으로 고난을 받고 참으면 이는 하나님 앞에 아름다우니라
>
> > **불의한 고용인에 대한 순종의 권면에 관한 동기**
> >
> > > 2:21a: 이를 위하여 너희가 부름을 입었으니
> >
> > > **이를 위해 부름을 입은 이유**
> > >
> > > > 2:21b: 왜냐하면 그리스도도 너희를 위하여 고난을 받으사 너희에게 본을 끼쳐

그리스도의 본의 목적

2:21c: 그 자취를 따라 오게 하려 하셨느니라

그리스도의 자취에 대한 상술

2:22a: 그는 죄를 범치 아니하시고 그 입에 궤사도 없으시며

2:23a: 욕을 받으시되 대신 욕하지 아니하시고

2:23b: 고난을 받으시되 위협하지 아니하시고

2:23c: 오직 공의로 심판하시는 자에게 부탁하시며

그리스도의 고난의 첫 국면

2:24a: 친히 나무에 달려 그 몸으로 우리 죄를 담당하셨으니

그리스도의 십자가의 죽음의 결과

2:24b: 이는 우리로 죄에 대하여 죽고
2:24c: 의에 대하여 살게 하려 하심이라

그리스도의 고난의 두 번째 국면

2:24d: 저가 채찍에 맞음으로 너희가 나음을 얻었나니

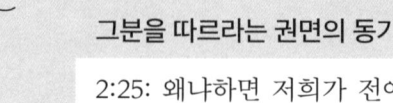

2:25: 왜냐하면 저희가 전에는 양과 같이 길을 잃었더니 이제는 너희 영혼의 목자와 감독되신 이에게 돌아왔느니라

단락의 번역

이론적 지침

NIV와 같은 역동적 의역(dynamic-equivalent translation)에 비교적 충실한 성경 번역을 사고구조의 큰 단계에서 기초 본문으로 사용했다. 왜냐하면 이 번역이 사고 단위들 사이의 가능한 관련-정의를 좀 더 분명히 드러내기 때문이다. 그러나 어떤 번역은 특정 동기로 인해, NIV의 번역과 다를 수 있다.

베드로전서 2:11-12와 18-25에의 적용

2:11의 '세상에서 거류민과 나그네': 원문은 παροίκους καὶ παρεπιδήμους(거류민들과 나그네들로서)이다. NIV가 첨가한 '세상에서'(in the world)는 그들의 거류민과 나그네로서의 신분에 일방적으로 상징적 의미를 부여하기에, '세상에서'를 제외하는 것이 더 낫다. 또

한 죄악 된 욕망(sinful desires)은 '너희의 본성'으로 번역할 수 있다. 엡 2:3의 '죄악 된 본성'을 참고하라.

2:22을 NIV는 마치 예수님의 독립적인 두 행동을 언급하는 것처럼 번역한다. (a) 그분은 범죄치 않았다. 그리고 (b) 그분의 입에는 속임이 없었다. 두 개의 구(οὐκ ἐποίησεν οὐδὲ εὑρέθη)는 οὐδὲ를 '그리고'로 번역하지 않고 '즉'(yes, that is)으로 번역한다면, 상호 보충 설명적으로 해석될 수 있다. 따라서 (b)는 (a)를 상술하는 것으로 볼 수 있다. '그분은 죄를 범하지 않았다. 진실로 그분의 입에는 속임이 없었다.'로 번역할 수 있다.

2:24: NIV는 남성 단수 여격 명사 μώλωπι(상처)를 복수형 '상처들'(wounds)로 번역했다. 하지만 헬라어 원문을 따라 단수형으로 번역하라.

단락의 중요 구절

이론적 지침

중요 구절(key verse[s])은 중심 주제에 초점이 모아지는 단락의 한 부분이다. 논쟁적 내용에 있어서, 종종 이 절은 특정 단락의 중심 문장이지만, 역사적 내용을 다루는 본문에서는 대개 마지막 절들에 초점이 모아진다. 가끔 두 개의 비연속적인 절들을 본문의 중요 구절로 선택해야 할 필요도 있다.

중요 구절은 직관적으로 선택하지 말아야 하는데, 특히 설교자(석의자)가 경험이 미숙할 때 더욱 그러하다. 이것은 왜 중요 구절을 사고구조 분석의 작은 단계와 큰 단계로부터 도출해야 하는 이유이다. 또한 중요 구절이 근접한 문맥에 어떻게 적합한지도 설명할 수 있어야 한다.

베드로전서 2:11-12, 18-25에의 적용

벧전 2:11-12는 이미 매우 명료하다. 이 작은 단락이 어디에 초점을 모으는가를 제시하는 것은 가능하다.

- 육체의 정욕을 제어하라(2:11b)
- 이 권면의 실행을 위한 실제적 암시: 이방인 중에서 행실을 선하게 가져라(2:12a).

베드로는 벧전 2:11-12에서 모든 가능한 관계들(부당한 관계를 포함) 속에서 성도의 행실을 위한 기본적인 원칙을 말한다. 거류민과 나그네인 성도에게 주는 일반적이고 기본적인 원칙으로부터 벧전 2:13 이후의 실제적인 5가지의 적용을 아래와 같이 도출할 수 있다.

- 정부와의 관계에 관하여(2:13-17)
- 고용주와의 관계에 관하여(2:18-25)
- 배우자와의 관계에 관하여(3:1-7)

- 일반적인 사람들의 관계에 관하여(3:8-12)
- 불의에 대한 태도와 반응에 관하여(3:13-4:19)

따라서 이 벧전 2:11-12 두 구절은 기본적인 권면을 형성하는데, 나머지를 위한 기초 역할을 한다(2:13-4:19).

벧전 2:18-25에서 베드로는 2:11-12에 나타나 있는 거류민과 나그네로서의 행동에 관한 기본적인 권면을 성도와 고용주와의 관계에 적용한다. 벧전 2:18-25의 중요 구절은 2:18인데, 왜냐하면 이 구절이 기독교인 피고용자들에게 주는 기본적 권면이기 때문이다. 이어지는 2:19-25의 사고구조 분석에서 제시된 것처럼 이 사실은 분명해지고 아래와 같이 동기가 부여된다:

벧전 2:19-20은 왜 그들이 까다로운 고용주에게도 순종해야 하는지 동기를 부여하고, 2:21-24는 그들이 주인들에게 순종함으로 애매한 고난에도 불구하고 예수님의 모범을 따르라는 동기를 부여하고, 2:25에서 베드로는 성도가 왜 예수님의 모범을 따라야 하는지 동기를 부여한다.

제4단계
단락의 사회-역사적 상황을 파악하라

> 일차 독자/청자를 특정 짓고,
> 사회-역사적 상황 속에 나타난 그들의 신앙의 긴장과
> 신앙의 부족(혹은 성장의 결핍)을 결정하라.

제4단계
단락의 사회-역사적 상황을 파악하라

일차 독자들의 사회-역사적 상황과 그들의 반응

4.1.1. 이론적 지침[1]

일차 독자/청자의 사회-역사적 상황은 주석이나 신약의 사회-역사적 배경에 관한 책들로부터 정보를 얻어서 구축할 수 있다. 설교자는 그 단락과 더 넓은 문맥 속의 직접적이며 간접적인 구절들을 자세히 살펴야 한다.

일차 독자/청자를 특정 짓고, 사회-역사적 상황 속에 나타난 그들의 신앙의 긴장과 신앙의 부족(혹은 성장의 결핍)을 결정하라. 단락에서 언급하고 있는지 혹은 암시하고 있는지, 가능한 신앙의 긍정적 반응도 밝혀야 한다.

---

1. 이 주제에 관한 자세한 논의는 Fika van Rensburg의 다음 글을 보라: "'N Metodologiese Verkenning na die Verdiskontering van Sosio-Historiese Gegewens in die Bestudering van Vreemdelingskap in 1 Petrus"(베드로전서의 이방인 연구에 나타난 사회-역사적 정보의 협상을 위한 방법론적 연구), *In die Skriflig* 30 (1996. 1), 37-51(역자 주).

아래에서 보듯이, 일차 독자/청자의 신앙의 부족이 도출된다.

- 특정한 언급들
- 질문 제기가 가능하거나 가정된 직접적 혹은 간접적 질문들
- 부족을 암시하는 분명하거나 암시적 권면들

베드로전서 2:11-12와 2:18-25에의 적용

베드로는 일차 독자/청자에게 그들이 거류민과 나그네임을 상기시킨다. 이 사실은 이미 1:1-2와 1:17에 언급되었는데, 만일 설교자가 연속 설교를 한다면 이 용어에 대한 설명을 미리 했어야 한다. 단락 2:11-12와 2:18-25가 독립적으로 작용한다는 것을 알지만, 여기서 이 주제에 대해 심도있게 주의를 기울여야 한다.

베드로가 말하는 터키의 성도는 그들이 살고 있던 장소에서 외국인이었다. 그들 중 일부(거류민)는 정착한 외국인이었는데, 오랫동안 수 세대에 걸쳐 외국인으로 살았던 사람들이었다. 나머지(나그네)는 방문 중인 외국인인데, 단기간 동안 외지에서 살았던 사람들이다. 후자는 특별히 더 큰 어려움을 겪었다. 예를 들어, 그들은 개인 재산을 소유할 수 없었기에, 주거를 위해서 타인을 의존할 수밖에 없었다. 이것은 특정 나라의 시민권자로부터 집을 구하기 위해 도움을 받아야만 했음을 의미한다. 즉 이런 외국인의 경우, 시민권자를 위해 일을 함으로써 거주 문제를 해결할 수 있었다. 이런 상황은 그들의 형편을 매우 불안정하게 만들

었기에, 어떤 이유로든지 시민권자는 이런 외국인들을 해고할 수 있었으며, 그들은 그저 순응할 수밖에 없었다. 따라서 그들은 땅 주인의 자비에 의존할 수밖에 없었기에, 비시민권자로서 정치적 권리를 가지지 못했다. 많은 경우 이런 형편은 그들을 차별과 불의의 희생양으로 만들었다.

일차 독자/청자들은 그들의 본성을 따라 이런 경우에 보복하려는 마음을 가졌을 것이다. 베드로는 이런 방식으로 대응하지 말 것을 촉구한다. 대신 선한 행실을 가지며 하나님이 원하시는 것을 행함으로써 반응하기를 원한다.

벧전 2:18에 묘사된 종들은 아마도 거주를 위해 일했던 사환을 가리키는데, 문자적 의미의 노예는 아닌 것 같다.[2] 그들은 시련 중에 처했고, 모든 소망을 포기하기 직전이었다. 그들은 외국인이라는 신분의 결과로 인해 전적으로 낙심했다. 부당한 대우, 비방, 거부, 그리고 핍박. 그들은 미래에 대한 관점과 소망을 상실했고, 어려운 환경의 늪에 빠진 것처럼 느꼈다. 그들은 이제 자신이 당하는 부당한 대우로 인해 더 이상 고용주에게 순종하지 않아도 된다고 생각했을 것이다.

---

2. NIV는 이 단어를 '노예'(slaves)로 번역하는데 이는 적절하지 않다. G.J. van Wyk & F.J. van Rensburg, "Oiketai(Huisbediendes) in die Eerste-Eeuse Grieks-Romeinse Samelewing: 'N Sosio-Historiese Konstruksie vir die Interpretasie van 1 Petrus 2:18"(1세기 헬라-로마 사회에서의 가정의 종: 벧전 2:18의 해석을 위한 사회-역사적 구성), *In die Skriflig* 31 (1997, 3), 229-49를 참고하라(역자 주).

단락이 일차 독자들에게 촉구하는 신앙의 선택

이론적 지침

사회-역사적 상황이나 가능한 영적 혹은 다른 결핍이 드러났다면, 다음 단계는 일차 독자/청자로부터 그 단락이 촉구하는 신앙의 선택이 무엇인지 결정하는 것이다.

베드로전서 2:11-12와 2:18-25에의 적용

벧전 2:11-12가 성도로 하여금 취하도록 하는 선택은 두 가지인데, (1) 그들의 본성에 굴복하거나 복수하든지, (2) 아니면 하나님이 그들에게서 원하시는 바를 따라 이방인 중에서 행실을 바르게 하는 것이다.

벧전 2:18-25에서 베드로는 그리스도인 가정의 사환에게 그들의 순종이 특정 고용주의 까다로운 행실로 인해서 무효화되지 않아야 함을 상기시킨다. 하나님께 복종해야 한다는 권면은 불공정과 부당한 고통에도 불구하고 유효하다.

더 나아가, 그들은 다음의 사실도 기억해야 한다. 사람이 하나님께 참되게 살려고 노력할 때, 불공정 때문에 고통당하는 것은 아름다운 것이다(2:19). 하지만 피고용인이 부당한 고통에 대해서 반역하고자 하는 자신의 본성에 굴복할 때, 그들은 하나님께서 원하시는 바를 행하지 않게 된다. 이 관점에서 본다면 그들이 겪는 어떤 고통도 온전히 가치가 있다(2:20).

학대당하는 종들은 관료들로부터 불의를 경험하신 그리스도를 모범으로 삼아야 한다. 예수님은 복수할 수 있는 권한을 사용하도록 자신을 방임하지 않으셨다. 이 사실을 설명하기 위해서 베드로는 자신의 양 떼를 인도하는 목자의 이미지를 활용한다. 양 떼는 목자의 자취를 따라야 한다. 그 다음 베드로는 네 가지 특정한 예수님의 자취를 분명히 소개함으로써, 성도가 그것을 따르도록 격려한다.

- 첫 번째 단계 - 예수님은 죄를 범하지 않으셨다. 즉 그분의 입에는 기만이 없었다(2:22): 예수님처럼(예: 겟세마네 동산에서 체포되신 일), 그들은 관료들로부터 당하는 곤경을 피하기 위해서 거짓말을 하면 안 된다.
- 두 번째 단계 - 군중이 예수님을 모욕했을 때 예수님은 복수하지 않으셨다(2:23a): 예를 들어, 군인들이 예수님 주위에서 춤추고 모욕했을 때, 주님은 십자가 위에서 내려오시거나 그들에게 욕하시지도 보복하시지도 않았다.
- 세 번째 단계 - 예수님이 고난당하셨을 때, 위협하지 않으셨다(2:23b): 자신의 부당한 고난에 대해 예수님은 자신의 천사군대와 전능성을 동원하여 로마 군인들을 위협하시지 않았다. 사실 예수님은 한 가지 태도로 일관하셨다.
- 네 번째 단계 - 주님은 공의로 심판하시는 분에게 자신을 의탁하셨다(2:23c).

따라서 고용주의 부당한 행위는 그들의 주인에게 복종하라는 하나님의 종들에게 주는 권면을 무효화시키지 않는다는 결론에 도달한다.

제5단계
중요 구절 안의 주요 단어의 의미를 연구하라

> 특정 단어의 의미에 대해 정의를 내린 후,
> 성경 사전과 다른 사전을 활용해 보라.

제5단계
중요 구절 안의 주요 단어의 의미를 연구하라

이론적 지침들

코이네 헬라어는 오늘날 우리가 사용하는 언어가 아니므로, 본문의 중요 구절 안에 있는 주요 단어의 개념에 관한 연구가 필요하다. 이때 단순히 전통적인 사전을 사용하는 것으로는 충분하지 않다. 한 가지 좋은 출발점은 Louw & Nida의 사전을 사용하는 것이다: *Greek-English Lexicon of the New Testament Based on Semantic Domains*. 2 Volumes (Cape Town: Bible Society of South Africa, 1993[1988]). 스텔렌보쉬대학교 교수 Jan Botha, "'N Praktiese Riglyn vir die Gebruik van die Louw & Nida-Woordeboek: Geïlustreer aan die Hand van die Betekenis van Kairos in Galasiërs 6:9-10"(로우-나이다 사전을 활용하기 위한 실제적인 안내서: 갈라디아서 6:9-10의 시간의 의미를 예로 들어"), *In die Skriflig* 23 (1989), 24-39에서 어휘 의미론에 관한 유용한 정보를 얻을 수 있다.[1]

---

1. 베드로전서의 주석을 위한 유용한 문법 해설서는 G.W. Forbes, *1 Peter* (Exegetical Guide to the Greek New Testament; Nashville: B&H Academic, 2014) 그리고 M. Dubis, *1*

특정 단어의 의미에 대해 정의를 내린 후, 성경 사전과 다른 사전을 활용해 보라. 한 가지 유용한 자료는 남아공성경공회가 출판한 아프리칸스(Afrikaans)성경(1983, 1998)의 성경 관주와 앵커성경사전(*Anchor Bible Dictionary*, New York: Doubleday, 1992)과 같은 성경사전류다.

베드로전서 2:11-12와 2:18-25에의 적용

벧전 2:11-12 안에서 우리의 주의를 요하는 개념들은 아래와 같다.

- '육체의 정욕들'(τῶν σαρκικῶν ἐπιθυμιῶν, sinful desires): 아마도 우리 중 대부분은 성적인 정욕과 같은 것을 즉시 떠올릴 것이지만, 이것은 실제로 일반적 의미에서의 우리의 본성을 가리킨다.
- '거류민과 나그네': 아마도 거류민은 정착한 외국인들을 가리키고, 나그네는 방문 중인 외국인을 가리키는 것 같다. 저자는 상징적(영적)인 의미 뿐 아니라, 문자적(사회-정치적)의미를 동시에 전달하고 있는 것으로 보인다.
- '그의 권고하시는 날'(ἐν ἡμέρᾳ ἐπισκοπῆς): 여러분 스스로 헬라어 사전을 동원하여 이것이 무엇을 의미하는지 설명해 보라.[2]

Peter: A Handbook on the Greek Text (Waco: Baylor University Press, 2010; 역자 주).
2. 하나님이 '방문하시는 날'(ἡμέρα ἐπισκοπῆς)은 구약에도 종종 나타난다(잠 3:7; 사 10:3). 이 날이 심판의 날을 지칭한다면, 마지막 날에 하나님께 영광을 돌릴 현재 개종한 불신자

'거류민과 나그네'의 의미에 관하여, Louw & Nida 사전은 아래와 같이 설명한다:[3]

πάροικος와 παρεπίδημος의 정의: 일정 기간 동안 자신의 정상적인 거주지가 아닌 곳에 살고 있는 사람(Louw & Nida, 1988[제 1권]:133).

- πάροικος와 παρεπίδημος는 정치적 행동이라는 의미를 내포하지 않는다.
- 거류민, 나그네 그리고 일시적인 거주자는 장기 혹은 단기적인 시간적 특성이 고려되어야 한다. 이것이 Louw & Nida의 사전 1:77의[4] 의미와 관련된 주요 차이점이다.

따라서 Louw & Nida의 정의는 확대되어 이해해야 한다. 불특정 기

들을 염두에 둔 것이 된다. 엘리엇(Elliott)은 이 표현이 개인의 개종의 때를 지칭한다고 본다. 이 날은 개인적으로는 개종의 날이며, 온 세상적으로는 예수님의 재림 때 있을 심판의 날이 된다. 신약에서 '방문'(visit)은 명사 '감독'(bishop, overseer)의 뿌리에서 나왔는데, 신약에서 '감독'은 양떼를 방문하는 자였다. J.H. Elliott, *1 Peter* (Anchor Bible; New Haven: Yale University Press, 2000), 470-71(역자 주).

3. 자세한 방법론을 위해서는 프레토리아대학교 헬라어 교수였던 J.P. Louw의 은퇴논문집 *Hupomnema* (J.H. Barkhuizen [ed], Pretoria University Greek Department, 1992. p. 283-306)에 실린 Fika van Rensburg의 글 "Vreemdelingskap in 1 Petrus: Voorlopige Definiëring van die Betekenisse van die Betrokke Griekse Woorde"(베드로전서의 이 방인: 헬라어 관련 단어들의 의미에 대한 개괄적 정의)를 보라(역자 주).
4. 의미 주제별로 분류되어 있는 Louw & Nida의 사전 제 1권 중 11번은 '여러 그룹과 계층의 구성원'을 다루고 있다. 그 중 11:77은 '나그네'를 다룬다.

간 동안 자신의 정상적인 거주지가 아닌 곳에서 살고 있는 사람. 이것은 정치적 행동을 포함하지 않는다. 이 두 용어는 대부분의 경우 동의어로 사용된다. 구분을 위해 영어로는 '거류민'은 '정착한 외국인'(settled foreigner)으로, '나그네'는 '방문 중인 외국인'(visiting foreigner)으로 번역한다.

벧전 2:18-25안에 나타난 주의를 요하는 주요 개념들은 아래와 같다.

- 복종하다(ὑποτάσσω): 정확하게 '복종하는' 것에 대한 권면이 무엇을 의미하는지 설명해 보라. 그리고 성경의 가르침인 "인간이 아니라 하나님께 복종하라"는 원리를 잘못 이해하여 그것의 의미를 희석하지 않고, 어떻게 적용할 수 있는지도 설명해 보라. 피고용자들이 고용주에게 복종하되 주님께 불순종한다는 암시 없이, 이 권면이 어떻게 모든 상황에서 타당한지 설명해 보라.
- 종(사환)들(οἰκέται): 앞에서 지적했듯이, οἰκέται를 생계를 위해 노동하는 가정집의 종들을 의미하듯이 번역한 NIV(즉 문자적 의미의 노예)는 타당하지 않다. 이 사환들은 그들의 고용주의 소유가 아닌 점에서, 문자적인 종(δοῦλος, 역자 주) 즉 주인의 소유된 종들과 다름에 주목하라. 이것은 아마도 주인의 단순한 소유물이 아닌 가정의 사환(household servants)을 의미하는 것으로 보인다.
- 양떼(πρόβατα), 목자(ποιμένα): 양떼와 목자의 이미지를 간단히 설명할 필요가 있는데, 목자는 양떼보다 앞장서서 걸어가며, 양떼가 직면할 수 있는 가능한 온갖 위험으로부터 보호한다.

제6단계
관련 성경 구절과 계시 역사를 살펴라

> 특정 단락의 위치는
> 일련의 하나님의 계시 역사 안에서
> 예수 그리스도를 초점으로 삼아 결정해야 한다.

제6단계
관련 성경 구절과 계시 역사를 살펴라

이론적 지침들

비록 다양한 인간 저자들이 공동으로 성경을 기록했지만, 모든 성경의 진정한 저자는 성령님이시다. 따라서 다른 성경 각 권들을 단순히 참고하는 것은 바람직하지 않고, 간본문적으로 연구하는 것은 필요 불가결하다. 관련 성경을 참조하는 이러한 작업은 연구하는 단락을 한쪽으로 치우치게 해석할 수 있는 가능성으로부터 보호해 준다.

만일 당신이 아프리칸스(Afrikaans)를 구사할 수 있다면, 이 단계에 있어 가장 유용한 자료들 가운데 하나는 1988년 남아공성경공회가 출판한 관주 성경 'Verwysingsbybel'이다.[1] 이 관주 성경은 특정한 단어나 주제만 단순히 소개하는 것이 아니라, 문맥상의 특별한 관련성도 밝힌다. 다른 유용한 자료들은 전자 용어 색인 프로그램(예. On Line Bible,

---

1. 한글로 번역된 스터디 바이블(예. ESV스터디 바이블), 그리고 *The Reformation Heritage KJV Study Bible* (Grand Rapids: Reformation Heritage Books, 2014)도 참고하라(역자 주).

Logos 등), 혹은 다른 관주 성경들과 주석들이다.[2]

참고하는 것이 어떤 자료이든 간에, 단지 그것들 간의 표면적인 유사성에 근거하여 성경의 구절들을 언급하는 것은 권장하지 않는다. 설교자는 먼저 그 두 사건들이 실제적으로 어떤 특정한 문제(주제)에 있어 서로 보완되는지 혹은 아닌지를 가늠해 보아야만 한다.

계시 역사 가운데 다루고자 하는 단락의 위치를 확립하는 것은 매우 중요하다. 첫 번째 과정은 다루고 있는 그 단락을 그리스도의 지상사역(특별히 복음서들) 이전인지(즉 구약), 이후인지(즉 신약), 아니면 그 기간 동안인지 연대순으로 이해하는 것이다. 특정 단락의 위치는 일련의 하나님의 계시 역사 안에서 예수 그리스도를 초점으로 삼아 결정해야 한다.[3]

베드로전서 2:11-12, 18-25에의 적용

1983판 Verwysingsbybel(관주 성경)는 아래와 같이 설명한다.

---

2. 벧전의 유용한 주석은 J.H. Elliott, *1 Peter* (Anchor Bible; New Haven: Yale University Press, 2000); K.H. Jobes, *1 Peter* (BECNT; Grand Rapids: Baker, 2005; 역자 주).

3. 그리스도 중심적 성경 해석을 위해서 P. Lillback (ed), *Seeing Christ in All of Scripture: Hermeneutics at Westminster Theological Seminary* (Philadelphia: Westminster Seminary Press, 2016)를 참고하라. 베드로전서의 구약 사용에 관해서는 D.A. Carson, "1 Peter," in *Commentary on the New Testament Use of the Old Testament* edited by G.K. Beale & D.A. Carson (Grand Rapids: Baker, 2007), 1015-45를 참고하라(역자 주).

벧전 2:11

벧전 4:12, 롬 12:19와 비교하라: 나는 당신이 당신의 영혼을 거스려 싸우는(롬 8:13; 13:13-14; 갈 5:16-17, 24; 약 4:1) 죄악 된 욕망을 절제할 것을 촉구한다.

벧전 2:12

벧전 2:15, 마 5:11-12, 16, 빌 2:15, 딤전 4:12를 벧전 3:1-2 그리고 딛 2:5와 비교하라. "이방인들 가운데서 그분(예수님)과 같은 선한 삶을 사는 것"(롬 12:17)에서 '이방인'을 '교회 밖의 사람들'(고전 5:12)과 비교하라. "그들은 그분(예수님)이 우리들을 찾아오시는 날에 너희의 선한 행실들을 보고, 비록 그들이 너희의 잘못을 고소할지라도(벧전 3:16; 4:16) 하나님께 영광 돌릴 수 있다." '그분(예수님)이 우리를 찾아오시는 그 날'(사 10:3).

벧전 2:18-25

엡 6:5-8, 골 3:22-25, 딤전 6:1-2, 그리고 딛 2:9-10과 비교하라. 베드로전서의 단락이 특별히 가정의 사환과 그의 주인의 관계를 다루는데 반해서, 위의 모든 구절들은 노예와 주인의 관계를 다루고 있음에 주목하라.

벧전 2:19-20

벧전 3:14-15, 4:14-16, 마 5:10-12, 눅 6:32, 그리고 롬 13:5와 비교하라.

벧전 2:21

마 10:38, 16:24, 빌 1:29, 2:5-8, 히 2:10과 비교하라. "그리스도께서 너희를 위하여 고난 받으셨으므로"(벧전 2:23; 3:18; 4:1; 고후 5:14). "너희에게 하나의 본으로 남겨둠은 너희가 그분의 길을 따라야만 하기 때문이다"(벧전 2:22-23; 요 13:15). "양이 자기 목자를 따름 같이 그분의 길을 따르라"(벧전 2:25; 요 10:4).

벧전 2:22

사 53:9에서 인용한 그분은 강포를 행치 아니하였고(요 8:46; 고후 5:21; 히 4:15). 그분의 말씀 가운데 그 어떤 거짓도 발견되지 않는다(마 26:63-63; 요 18:4-8).

벧전 2:23

마 26:67-68, 요 8:48-49, 사 53:7, 딤전 5:15를 비교하라. 그들이 모욕적인 말로 그분을 욕할 때에, 그분은 응수하지 않았고, 그분이 고통당할 때 그분은 입을 열지 아니하였다. 마 27:39-44. 그분은 자기 자신을 공의롭게 심판하시는 분에게 맡기셨다. 이에 관하여 눅 23:46, 요 19:10-11 그리고 시 7:9-12를 비교하라.

벧전 2:24

고전 15:3 및 골 2:14와 비교하라. 그분은 우리로 하여금 죄에 대해 죽고 의를 위해 살도록 하기 위하여, 십자가 위에서 우리 죄를 자기 몸에 지셨다(사 53:4-6,11; 마 8:17; 갈 3:13; 히 10:10; 벧전 4:1-2). 몸(벧전 3:21; 4:1,6). 우리로 하여금 죄에 대하여 죽고 의에 대해 살도록(롬 6:2-7, 10-12). 그분의 상처로 말미암아 너희는 고침을 받았다(사 53:5; 마 27:26).

벧전 2:25

시 119:176. 너희는 양과 같아서 유리하기 때문에(사 53:6; 겔 34:5-6; 마 9:36). 너희 영혼의 목자와 감독(벧전 5:4; 시 23:1-6; 사 40:11; 겔 34:23-24; 요 10:11, 14; 히 13:20). 다양한 구절의 언급과 함께 인용된 성경 구절들은 다루고 있는 본문에 빛을 비춰준다.

계시 역사 속의 위치: 사도 베드로는 베드로전서를 AD 60년과 70년 사이에 기록했을 것이다. 따라서 일차 수신자는 2-3세대 그리스도인들이다. 그리고 우리는 이 편지에서 예수님의 말씀과 행동에 대한 꽤 발전된 사고를 기대할 수 있다.

제7단계
단락 안에서 하나님에 관한 계시를 파악하라

> 그러한 점에서 하나님은 이 세상에서 성도가 그들의 주인에게(심지어는 그들이 엄할지라도) 복종할 것을 요구하신다.

제7단계
단락 안에서 하나님에 관한 계시를 파악하라

이론적 지침들

이 단계에서는 하나님께서 자신의 의지에 대해 무엇을 계시하셨는가를 확립하고자 하지 않는다(예를 들면, '특정 단락으로부터의 훈계들'). 그것은 제9단계에서 다룰 것이다('단락의 의사소통적 목표'). 대신 이 단계에서는 하나님께서 자신에(아버지, 아들 그리고 성령님) 관해 계시하신 것이 무엇인가를 결정하는 과정을 다룬다. 여기서 유용한 질문들은 아래와 같다.

1. 그분은 누구신가(이름들, 특성들)?
2. 그분이 행하신 것은 무엇인가(동사들)?
3. 그분이 자신에 관해 말하신 것은 무엇인가?

베드로전서 2:11-12와 2:18-25에의 적용

벧전 2:11-12에서는 오직 성부 하나님만이 뚜렷하게 드러난다. 이 단락은 그리스도인들이 그들의 죄악 된 본성에 굴복하지 않을 때, 그리고 선한 일을 행하는 것을 유지할 때, 하나님께서(그분이 우리를 찾아오시는 그날, 최후의 심판 날) 영광을 받으신다고 말씀한다. 2:18-25에서 하나님과 그리스도께서 명백하게 드러난다.

여기서 우선 1:3을 고려해 보는 것은 역시 중요하다. 하나님은 사람들에게 새로운 삶을 주시는 분이다. 하나님은 그들을 다시 태어나게 하신다.

모든 단락으로부터 하나님께서 진짜 주인이시라는 것도 명백해진다. 그러한 점에서 하나님은 이 세상에서 성도가 그들의 주인에게(심지어는 그들이 엄할지라도) 복종할 것을 요구하신다.

2:20에서 선을 행함으로 고난을 받고 견디는 것은 하나님 앞에서 가치 있음이 명백하다.

2:21은 하나님은 성도가 선을 행하고 있는 동안, 그들이 고난 받을 것을 각오할 것을 요구하심을 알려준다.

2:21에 의하면, 예수 그리스도께서 믿는 자들을 위해 고난당하셨다는 것은 명백하다. 한편으로 불공정한 고난은 믿는 자들을 위해 한 가지 본을 제공한다(2:21-23). 다른 한편으로 그것은 예수님께서 그리스도인들을 대신하여 고통 받으셨다는 것을 보여준다. 그리고 주님의 상처는 그들이 견뎌야 하는 고난을 치료하기 위한 것이다(2:24). 그리스도께서 그

들의 죄악의 무거운 짐을 지신다는 사실은 믿는 자들이 주님의 뜻을 따라 순종하며 살 수 있도록 한다.

성자 하나님은 자신의 뜻을 따라 순종하며 사는 이들에게 목자와 감독자라는 사실도 분명하다(2:25).

제8단계
단락 안에서 구원의 사실들과 그것에 기초한 권면을 파악하라

> 오직 구원의 사실들만 여기에 속한다.

제8단계

단락 안에서 구원의 사실들과 그것에 기초한 권면을 파악하라

이론적 지침들

다루고 있는 단락 안에서 구원과 관련된 사실들을 결정하라. 이것은 하나님께서 인간 구원에 관해 계시하신 내용에 속하는데, 특별히 언약을 포함하는 구원의 사실이 여기에 해당한다. 여기서 결과가 조건적이라는 문제는 다루지 않는다. 따라서 당신으로 하여금 어떤 것을 행하도록 만들거나 특정한 태도를 취하도록 재촉하는 권면들은 이 범주에 속하지 않는다. 오직 구원의 사실들만 여기에 속한다.

이러한 사실들을 확립하기 위해 유용한 질문들은 아래와 같다.

1. 하나님께서 믿는 자들을 구원하시기 위해서(그리스도를 통해) 행하신 것이 무엇인가?
2. 하나님께서(성령님을 통하여) 믿는 자 안에서 행하신 일이 무엇인가?
3. 하나님께서 미래에 무엇을 행하실 것인가?

구원의 사실들이 확립된 이후, 다음 과정은 다루는 단락 안의 권면들을 결정하는 것이다. 설교자는 이제 하나님께서(명시적으로 혹은 암시적으로) 구원의 사실들 때문에 주신 명령을 결정해야만 한다. 이점에 있어 유용한 질문들은 아래와 같다.

1. 이 단락 속에 나타나는 명백한 권면은 무엇인가, 그리고 암시적 권면은 무엇인가?
2. 이 권면들에 대한 실질적인 실천에 대해 어떤 지시가 있는가?
3. 반드시 복종해야만 하는 권면들을 대하는 우리의 태도에 관해 어떤 지침이 나타나는가?
4. 권면(들)과 연관된 경고나 언약은 무엇인가?
5. 권면(들)은 어떤 특정한 구원의 사실과 연결되는가?

베드로전서 2:11-12와 2:18-25에의 적용

어떠한 구원의 사실도 2:11-12에 명백하게 언급되지 않는다. 그러나 하나의 강력한 구원의 사실이 암시적으로 드러난다. 사도 베드로가 수신자를 '사랑하는 자들아'('Ἀγαπητοί, 혹은 '친구들아')로 부른 것 그리고 그들을 '거류민과 나그네'라 부른 사실은 암시적으로 구원의 사실을 두 가지 방법으로 보여준다.

베드로가 그들을 '거류민과 나그네'로 부른 것은 얼핏 보면 부정적으로 들린다. 그러나 이 서신의 문맥 속에서 그 표현은 단지 부정적인 것이 아니라, 하나님 앞에서 역설적인 신자의 상태를 가리킨다. 1:1에서 그들은 이미 '나그네들'(παρεπιδήμοις)로 언급되었다. 그리고 '하나님의 예지에 따라 하나님에 의해 선택된' 존재로서 그들의 상태와 연관있다. 여기 2:11-12에서 이 연결고리가 다시 한 번 명확하게 된다.

그 다음 이것은 하나님께서 우리에게 새 생명을 주시고, 서신 전체를 지배하는 구원의 기초를 표면화시킨 2:11-12의 권면들은(그리고 2:18-25 포함) 하나님께서 주신 부활이라는 사실에 기초한다.

2:11 하반절에서 이교도들 가운데서 선을 행하여 죄악 된 욕구를 삼가도록 하라는 권면은 하나님께서 수신자들에게 부활(1:3)을 주신 구원의 사실 위에 기초하고 있다. 그 권면은 독자들/청자들을 '거류민과 나그네'(2:11a)라고 부름으로써 동기를 부여한다는 사실 또한 주목할 만하다.

벧전 1:3에 따르면, 2:18-25에 부활을 약속 받은 이들과 2:11-12에서 거류민과 나그네로 불린 이들은 고용주와의 관계에서 어떻게 행동해야 하는지 권면을 받는다. "너희는 선하고 이해심이 많은 주인들뿐만 아니라, 엄한 주인들에게도 범사에 존경함으로써 너희 자신을 복종시켜라"(2:18)

그들에게 있는 부활 생명은 그들이 자신의 고용주로부터 당하는 불공평을 어떻게 해결해야 하는가에 대해 중요한 힌트를 제공한다. 그들은 적절한 존경으로써 자신을 계속 복종시켜야 한다. 따라서 그리스도인 피고용인들은 고용주에게 복종하라는 권면이 자신의 고용주들이 불공평하거나 엄할 때에도 무효화되지 않음을 알아야 한다.

불공평한 고난을 당한다 해도, 하나님은 우리를 그 안으로 부르셨다(2:21). 예수님의 지상 사역 가운데 권력자들 아래에서 받으신 부당한 고통으로부터 이 사실이 명백하게 된다. 불의에 대한 예수님의 반응은 믿는 자들이 고용주들 아래에서 경험하는 불공정에 대해 어떻게 반응해야 하는가에 대해 모범을 제공한다. 그들은 그리스도의 선례를 따라야만 한다(2:21). 그리고 이러한 각각의 '선례들'은 성도에게 권면을 준다.

- 첫 번째 단계: 예수님은 죄를 범하지 않으셨다. 즉 그분의 입에는 기만이 없었다(2:22). 이것은 그리스도인들이라면 그들이 직면해야 하는 이유 없는 고통을 피하기 위해 결코 관료들에게 거짓말을 해서는 안 된다는 것을 의미한다(예: 겟세마네 동산에서 체포당하신 예수님).
- 두 번째 단계: 그들이 예수님을 모욕했을 때, 주님은 복수하지 않으셨다(2:23a). 예를 들어, 군인들이 예수님 주위에서 춤추고 모욕했을 때, 주님은 십자가 위에서 내려오시거나 그들을 대하여 욕하시거나 보복하시지 않았다.
- 세 번째 단계: 예수님이 고난당하셨을 때, 주님은 아무런 위협도 하시지 않았다(2:23b). 자신이 당한 부당한 고난에 대해 예수님은 천사군대나 전능성을 동원하여 로마 군인을 위협하시지 않았다.

- 네 번째 단계: 예수님께서 오직 한 가지 태도만 가지셨다는 것을 자세하게 말하고 있다. 다시 말해, 주님은 공의로 심판하시는 분에게 자신을 부탁하셨다(2:23b). 따라서 어떤 고용주의 부당한 행위가, 피고용인들로 하여금, 고용주에게 복종해야 한다는 하나님의 권면을 폐기할 수 없다는 추론이 가능하다.

제9단계
단락의 의사소통적 목표를 세우라

> 성급하게 오늘날과 비교하려 하지 말고,
> 일차 청자들/독자들의 상황에 머무르라.

제9단계
단락의 의사소통적 목표를 세우라

이론적 지침들

다루고 있는 단락에 나타난 의사소통적 목표에 대해, 설교자는 통찰력을 가지고 일차 청자들에게 명확하게 전달해야 한다. 얼핏 보면 그것은 인간 저자의 의사소통적 목표로 보인다. 하지만 본문을 해석하는 이는 성령님께서 특정한 인간 저자의 글을 통하여 성취하시고자 하거나 하셨던 목표를 발견하도록 기도해야만 한다. 여기서 '일반적 목표'와 '특정한 목표'를 구분할 수 있다. 아래에서 보듯이, 일반적 목표들은 하나 혹은 더 많을 수 있다.

- 가르치기(teach) 위하여
- 증거하기(witness) 위하여
- 전파하기(preach) 위하여
- 격려하기(encourage) 위하여(참고. 벧전 5:12)
- 동기를 부여하기(motivate) 위하여(참고. 명백한 모든 명령)

- 정보를 제공하기(inform) 위하여(참고. 살전 4:13)
- 확신시키기(convince) 위하여
- 훈계하기(admonish) 위하여(참고. 롬 12:1)
- 위로하기(comfort) 위하여(참고. 살전 4:18, 13-17)
- 상기시키기(remind) 위하여(참고. 고전 10:1; 벧후 1:12)

이러한 일반적 목표들이 더욱 특정한 목표들과 연결되어 있을 때, 전달의 목표는 아래와 같이 나타낼 수 있다:

하나님은 원하신다
→ 가르치시고/확신시키시고/동기를 부여하시기를
→ 공동체가 가르치고/믿고/행하도록 만들기 위하여
→ 무언가 특정한 목표를 이루도록

특정한 단락의 목표에 대한 이런 통찰력을 통해, 전달하려는 목표를 분명히 인식해야 한다. 이제 단락에 나타난 의사소통적 목표를 100자 내외로 명확히 설명해 보라. 그리고 그것을 다시 한 문장으로 요약해 보라. 일차 청자들/독자들을 고려한 의사소통적 목표에 관하여 자신을 집중시키는 것을 훈련하라. 성급하게 오늘날과 비교하려 하지 말고, 일차 청자들/독자들의 상황에 머무르라. 그 다음, 당신은 이것을 당신의 현재 상황에 적용하게 될 것이다(참고. 아래의 제 11단계).

베드로전서 2:11-12와 2:18-25에의 적용

이제 두 단락과 2:11-4:19의 목표를 구분하는 것이 중요하다. 벧전 2:11-4:19를 고려하면 2:11-12의 목표는 다양한 관계들 가운데서의 처신에 대한 기본적인 권면을 주기 위한 것임을 알 수 있다. 이것은 하나님의 자녀로 거듭난다는 것이 우리를 고통으로부터 면하게 해주는 것이 아님을 인식하도록 한다. 하나님께서는 일차 독자/청자들이 그들의 낮은 사회-정치적 신분에도 불구하고, 선행을 유지함으로써 하나님께 영광 돌리기를 기대하신다.

2:11-12의 독립적인 목표는 그리스도인들로 하여금 사회-정치적으로 차별을 받고 모욕을 받을 때, 우리의 본성 때문에 죄악 된 욕망에 굴복하도록 재촉 당한다는 것을 깨닫게 하는 데 있다. 하나님께서는 우리가 이것을 삼가고 오히려 하나님께 영광을 돌리기를 요구하신다.

한 걸음 더 나아가서, 2:11-12의 목적은 신자로 하여금, 그분께서 우리를 방문하실 날과 같은 때에도 여전히 부당함이 존재할 수 있음을 깨닫게 하는 데 있다. 따라서 그리스도인들은 불신자의 생활에 있어서 올바른 행위를 기대해서는 안 된다. 2:11-12는 그리스도인들로 하여금 다양한 관계 속에서, 특히 자신들이 불신자로부터 차별을 경험할 때 어떻게 행동할 것인가에 대해 준비시키는 것을 하나의 주요 목표로 삼는다.

벧전 2:18-25의 의사소통적 목표는 1:3이 이미 언급한 중생을 염두에 두면서, 신자는 자신의 고용주와의 관계 속에서, 특별히 까다로운 고용주가 종을 부당하게 다룰 때조차, 하나님께서 신자가 어떻게 행동하기를 원하시는 가를 가르쳐 주는 데 있다. 이 사실을 기억하면서 성도는 이교도(2:12) 가운데서 선을 행해야 하며, 구체적으로 자신들의 고용주에게 범사에 하나님을 경외함으로써 복종해야 한다(2:18).

베드로가 추구하는 의사소통적 목표는 신자들이 고용주로부터 가혹한 차별과 부당한 대우 받을 것을 독자들로 하여금 예상하도록 준비시키며, '거류민과 나그네'가 이런 상황 속에 어떻게 반응해야 할지를 분명히 인식하도록 돕는 데 있다. 그것은 권력자들에게 부당한 대우를 당할 때에 예수님께서 행하신 '자취'의 본을 따를 때 가능하다. 오직 그런 경우에만 신자는 영혼의 감독이신 분의 보호를 경험할 수 있다(2:25).

이 모든 사항은 한 문장으로 요약할 수 있다. "고용주들로부터 차별과 부당함을 경험할 때, 중생한 그리스도인은 자신의 옛 기질에 굴복해서는 안 되며, 오히려 하나님께 영광을 돌리기 위하여 고용주에게 자신을 복종함으로써 선을 지속적으로 행해야 한다."

제10단계
주석 자료들을 참고하라

> 당신은 성령님이 다른 주석가들을
> 수세기에 걸쳐 인도하셨다는 것을 분명히 알고 있다.

제10단계
주석 자료들을 참고하라

이 단계에서 베드로전서의 구조와 사회-역사적 맥락, 그리고 관련 성경 구절을 살피기 위해 사용할 도구는 주석과 관주 성경, Louw & Nida 사전, 헬라어 문법서,[1] 신학사전, 기타 해석에 도움을 주는 자료다. 이 단계에서 출판된 설교집이라든지 설교체로 쓰인 주석들은 참고하지 않는 게 좋다. 그런 자료는 설교자가 설교에 관해 자신의 생각이 이미 명확하게 정립되었을 때 사용하면 된다.

이 열 번째 단계에서 설교자는 아마도(혹은 반드시) 더 많은 자료들(어떤 특정한 단락에 대한 주석가들의 주석과 같은)을 참고해야 할 것이다. 물론 그렇게 하라. 그리고 지금까지 수행한 연구에 비추어서, 필요하면 당신의 이전 결론을 교정하라. 그후 제11단계로 넘어가라.

이 단계에서 자료들의 사용을 제한하는 이유는 성경의 본문과 당신의 깊은 경건이 상호작용하도록 돕기 위함이다. 우리가 받아들이듯이

---

1. M. Dubis, *1 Peter: A Handbook on the Greek Text* (Waco: Baylor University Press, 2010) 그리고 G.W. Forbes, *1 Peter: Exegetical Guide to the Greek New Testament* (Nashville: B&H Academic, 2014)를 참고하라(역자 주).

성경은 성령님의 감동에 의한 산물이고, 성경과 당신의 상호작용 속에서, 당신은 동일한 성령님에 의해 보호와 조명을 의지할 수 있다. 그러므로 성급히 다른 자료들을 참고하면, 성경 본문과 당신 사이에서 작용하는 활력을 왜곡할 수 있다.

하지만 설교 한 편을 만들 때 주석 자료들을 완전히 등한시하고, 오직 당신의 개인적 통찰력에만 의존하는 것은 삼가야 한다. 당신은 성령님이 다른 주석가들을 수세기에 걸쳐 인도하셨다는 것을 분명히 알고 있다. 따라서 당신은 성령님의 직접적인 인도뿐 아니라, 다른 해석자들을 통해 성령님께서 수세기에 걸쳐 인도하신 결과물들도 받아들여야만 한다. 그렇지 않으면 당신은 버릇없는 아이처럼 부모님에게 특별한 대우를 요구하는 것이다. 따라서 다른 자료들을 성급하게 참고하는 것은 피하되, 적절한 단계에 도달하면 충분히 활용해야 한다.

제11단계
적용 가능한 사회-역사적 상황을 파악하라

> 설교자가 살고 있는 세상과
> 설교자가 섬기는 사람들의 삶을
> 정확하게 파악하는 것은 매우 중요하다.

제11단계
적용 가능한 사회-역사적 상황을 파악하라

적용 가능한 사회-역사적 상황과 그것에 대한 반응

이론상의 지침들

설교자는 자신의 적합한 사회-역사적 상황 및 설교자의 청중이 처한 상황을 파악해야만 신앙적인 해석을 수행할 수 있다. 설교자가 최근 상황으로 이끌어 가는 역사적 진행과정에 대해 적절한 통찰력을 견지하고 있을 때, 비로소 최근 상황에 대해 실제적으로 충분히 이해할 수 있다. 이런 이유로 인해, 설교자가 살고 있는 세상과 설교자가 섬기는 사람들의 삶을 정확하게 파악하는 것은 매우 중요하다.

더 나아가, 설교자 자신의 사회-정치적 상황이 일반적인 방식으로 단순하게 분석되어서는 안 된다. 연구 중인 단락은 실제로 설교자의 상황에 대해 특별하고도 적절한 특성을 파악하도록 강력하고도 집중적인 안목을 제공한다. 그렇기 때문에 다루고자 하는 성경 단락은 설교자가 처한 상황 안에서 진술되어야 하는 문제가 무엇인지 규정한다.

베드로전서 2:11-12 그리고 2:18-25에 의한 상황분석에의 적용

상황분석에 있어서 다음의 질문들을 스스로 해 보라. 그리고 기도하는 가운데, 그것에 대해 당신의 반응이 진정으로 '나의 본성에 굴복하지 않는 것'인지 점검해 보라.

개인적으로 나는 어느 정도까지 내가 처한 사회-역사적 상황 안에서, '거류민과 나그네'의 상태를 경험했는가? 그리고 나는 영적-비유적 의미에서 '거류민과 나그네'의 상태를 경험하는가? 나는 지금 내가 속한 나라의 정치 체제를 어떻게 경험하는가?

나의 '죄악 된 욕망' 그리고 나의 본성적인 기질은, 내가 불공정과 차별대우 때문에 고난받고 있을 때, 나로 하여금 어떻게 반응하도록 만드는가?

죄성이 우리의 삶 속에서 어떻게 우리를 본성적인 기질에 굴복하도록 만드는지, 그리고 어떻게 타인이 우리에게 악행을 저지를 때 우리로 하여금 그런 악행에 대항하도록 만드는지에 관하여 어떤 증거를 제시할 수 있는가?

어떠한 점에 있어서 나는 악인과 구별된 자신을 '불신자들 가운데서' 발견할 수 있는가? 그리고 어떠한 점에 있어서 그들은 나의 잘못을 비난하는가? 더 분명히 말하면, 당신의 생각이 앞에서 언급한 정치 체제 안에서 당신의 행동으로 나아가도록 만들라. 그리고 더 구체적으로 아파르트헤이트와 같은 인종차별 기간 동안 벌어진 모든 악행과 동기들이 지금 '인류에 대항한 죄악'이라는 꼬리표를 달고 있다는 사실로 인도하라.

최근에 우리 자신의 생활에 있어 어떤 측면이 불신자들로부터 욕을 먹고 있는가? 반면에 주님께서 우리를 찾아오실 때, 우리의 어떤 행실이 불신자로 하여금 하나님께 영광 돌리게 할 것이라고 생각하는가?

또한 설교자가 앞으로 만날 청중의 상황과 특별히 그들이 어떻게 올바른 행실을 갖출 수 있을지 생각해 보라. 그리고 그들의 경험이 타당한 것인지, 혹은 아닌지 여부도 생각해 보라. 많은 남아공(특히 백인) 그리스도인들은 흑인 정권이 수립된 이후로, 그들이 자신의 나라 안에서 거류민과 나그네라는 느낌을 받고 있다. 그들은 자신들이 차별대우를 받고 있으며, 심지어 자신들이 범죄자라는 불공정한 꼬리표를 달고 있다고 느낀다.

설교자는 청중으로 하여금, 타인이 자신을 불공정하게 차별 대우할 때 보복하고자 하는 것이 인간의 일반적인 특징이라는 점을 깨닫도록 해야 한다. 설교자는 보복이 결국 모든 것을 태워버리는 폭력의 소용돌이로 사람을 빠져들게 만들며 본성적인 기질에 굴복하는 것임을 가르치기 위해서, 사회가 당면한 구체적 예를 제시해야 한다.

벧전 2:18-25가 강조하는 메시지는 좁게는 노동관계에 관하여, 넓게는 공무원과의 관계에 대한 것이다. 누군가에게 부정을 행하는 고용주에게(혹은 권력의 자리에 있는 사람에게) 대항하는 것이 정당한가에 대한 질문은 오늘날 다시 매우 적실하다. 우리 가운데 대부분은 그런 취급을 받아야 할 만한 어떤 행동도 하지 않았음에도 불구하고, 권력을 가진 누군가에 의해 불공평의 대상이 되는 것과 고통을 당한다는 것이 어떤 느낌인지 알고 있다.

그렇다면 이와 같은 학대의 희생물로 전락할 때, 믿는 자의 태도와 반응은 어떠해야 하는가? 이에 대해 벧전 2:18-25가 빛을 비추어 주는 전형적 상황은 아래와 같다.

당신은 사업체를 위해 일하고 있다. 그런데 그 사업체의 사장은 매우 비합리적이다. 당신은 정기적으로 그리고 부당하게 질책을 받고 박봉에 시달리고 있다. 바로 그때, 당신은 어떻게 처신해야 하는가?

당신은 교사다. 그리고 당신 부서의 상관이나 교장이 당신을 불공평하게 대우한다. 당신은 이유 없이 심하게 질책을 받으며, 당신이 성공적으로 무언가 기획했지만 어떠한 인정도 받지 못한다. 또한 당신보다 무능하고 부적격한 동료가 먼저 진급했다. 당신이 여성이거나 남성이기에, 혹은 백인이거나 흑인이라는 이유로 불공평하게 대우를 받았다. 이와 같은 권력의 위치에 있는 사람에 대한 당신의 태도와 행동은 어떠해야 하는가?

당신은 군인으로 복무 중이다. 그리고 당신은 매우 불합리하고 상상할 수 없을 정도로 장교의 희생물이 되었다. 그는 당신에게 호통치고, 욕하고, 거의 불가능한 것을 요구한다. 이 경우 성경은 어떻게 당신의 반응을 지도하는가? 당신은 회장이 엉터리 지침을 줄뿐만 아니라, 당신을 불공평하게 대하는 모임의 회원이다. 당신은 어떤 행동을 지금 취해야 하는가? 당신은 무능력하고 비합리적인 교사나 강사로부터 배우고 있다. 당신은 어떻게 이런 불공정한 상황을 다루어야만 하는가? 정치로 눈을 돌려 보자. 당신이 사는 지역 당국이 'ㄱ-ㅅ'으로 시작하는 성(姓)을 가진 모든 사람은 북에서 남으로 통하는 주도로의 동쪽 지역에서만 살도록 공포했다. 당신은 어떻게 반응해야 하는가?

천성적으로 사람은 자신의 권리를 방어할 준비가 되어있다. 특히 본인이 '하나님의 자녀'라는 명예로운 신분을 가지고 있다는 것을 알고 있다면 더 그럴 것이다. 만일 당신이 불공정하게 취급받고 있다는 것을 인식한다면, 일반적으로 그와 같은 부당한 대우가 당신에게 보복을 할 수 있는 권리를 제공한다고 생각할 것이다. 이것을 행동으로 옮기기 위해서, 그리스도인은 심지어 성경을 인용할 수 있다고 믿을 것이다. 눈에는 눈! 이에는 이! 이런 전형적인 논리는 아래와 같을 것이다.

- 나는 내가 할 만한 승진을 하지 못했고 그 때문에 박봉을 받았다. 이제 내가 당연히 나의 것을 받는다 해도 하나님께서는 나를 비난하시지 않을 것이다. 그래서 나는 나의 상관으로부터 도둑질을 하려고 한다. 그의 시간, 돈, 그리고 장비.

- 나의 상관이 이유 없이 나를 모욕한다. 만일 그가 그런 식으로 나를 취급한다면, 나는 안전하고 간접적 방법으로 보복할 것이다. 나는 그에 대하여 나쁜 소문을 퍼뜨릴 것이다. 그리고 그의 모든 사소한 비밀을 누설 할 것이다.
- 만일 나의 상관이 너무나 부당하게 나에게 고통을 준다면, 나는 상관을 협박할 것이다.
- 강사나 교사가 무능력한데다 비합리적이라면, 내가 부정직하게 되고 부정직한 방법으로 점수를 얻는 것은 허용될 것이다.
- 나의 지역 당국이 멍청하고 불합리한 법률을 공표하는 이상, 나는 그것에 협조하지 않고 거부할 것이다. 그리고 만일 그들이 조심하지 않는다면, 나는 시청을 폭파할 것이다.
- 그리고 중앙 정부가 나를 차별 대우하는 법을 공표한다면, 나는 무기를 들고 대항하여 반란을 일으킬 것이다.

단락이 촉구하는 신앙의 선택

이론적 지침들

> 한 편의 설교는 반드시 청중으로 하여금 그들의 구체적인 삶 속에서 살아계신 하나님 앞으로 인도해야 한다. 이것은 필연적으로 자기 헌신적 결단으로 나아간다. 이런 결단은 하나님과 예수님의 심판, 그리고 성령님에 의한 몸의 부활에 기초를 둔다.

청중이 내린 신앙의 결단/선택이 그들의 구체적인 삶 속에서 하나님과 관계를 맺도록 연결시키는 것이 중요하다. 일차 청중(베드로전서의 수신자)이 선택하였거나 선택한 것으로 여기는 신앙의 결단/선택은 암시적 혹은 명시적으로 특정 단락의 진술로부터 추론할 수 있다. 이런 작업 이후에, 오늘날 청중이 선택할 필요가 있는 결단이 무엇인지 설교를 통하여 효과적으로 전달해야 한다.

설교자로서 당신 스스로 먼저 결정을 해야 한다. 이것은 청중에게 있어 당신이 전할 교리보다 더 중요하다. 당신 자신의 경건의 연습(*praxis pietatis*)이 청중에게 있어 당신의 설교에서 구사하는 언어능력보다 더 중요하다. 당신은 은사를 활용함으로써, 그리고 성령님의 열매를 맺음으로써, 또한 하나님을 경외하는 삶으로써 당신 자신의 성실함과 순수함을 청중에게 알릴 수 있다. 그리고 이것은 섬김과 겸손, 하나님을 완전히 의존하고 신뢰함, 그리고 설교자가 선포하는 하나님에 대한 자신의 믿음으로써 누리는 완전한 평화라는 설교자 자신의 경험에 관한 증거와 연결되어야만 한다.

당신은 하나님 앞에서 반드시 스스로 아래와 같이 말할 수 있어야 한다.

> 만약 회중을 향해 하나님의 메시지를 제시하는 그 단락을 통해서 내가 먼저 개인적으로 직면하지 못한다면, 그것이 나에게 믿을 만하고, 신뢰할 만한 증거가 되는 것은 불가능하다. 먼저 나 자신이

살아계신 하나님의 말씀으로 받아야 한다. 그래야만 메시지의 증거를 분명하게 강조할 수 있다.

하나님께서 당신을 통하여 성도에게 말씀하시도록 해야 한다. 당신이 말씀을 받고 그것을 당신 자신의 것으로 만든 후에, 이미 말씀의 힘과 영향을 경험한 사람으로서 전달해야 한다. 그래야 당신은 단순한 연설가가 되는 것을 피할 수 있다. 하나님의 말씀이 먼저 당신을 통과하여 지나갔고, 그런 표시가 남아 있다는 것이 분명해야 한다. 이러한 방식으로 설교자는 메시지의 내용에 대해 살아있는 증인이 된다.

베드로전서 2:11-12, 2:18-25에의 적용

이제 벧전 2:11-12이 암시적으로 선택하도록 권면하는 바를 아래와 같이 설명해 보라

나는 거류민과 나그네로 취급을 받은 경험이 있다. 그럼에도 불구하고 나는 지금 그런 사람을 향한 나의 태도가 긍정적으로 변하도록 확실히 노력해야 한다. 나는 보복하도록 하는 유혹에 굴복해서는 안 된다. 나는 나의 고통을 절대로 그런 방식으로 드러내서는 안 된다.

따라서 당신이 청중 앞에 제시해야만 하는 선택이란 본질적으로 아

래와 같다.

주님께서 우리를 찾아오실 그날에, 우리로 인하여 불신자들이 하나님께 영광을 돌릴 정도로 우리의 행실은 훌륭한가? 아니면 우리가 부정적인 사람임을 입증함으로써 우리 자신의 본성적 기질에 굴복하는 것은 아닌가?

벧전 2:18-25는 고용주와 맺을(그리고 더 넓게 공무원과의) 관계에 집중된다.

이 단락의 메시지는 피고용인과 권위 하에 있는 이들을 위한 것이라는 것을 아는 것이 우선적으로 중요하다. 따라서 이런 권면은 고용주가 피고용인과 지배를 받는 사람을 억누르기 위해, 자신에 대항하여 일어나는 반대를 잠재우려는 것으로 오용되어서는 안 된다.

당신의 청중이 취해야 하는 선택은 꽤 분명해 진다.

어떤 특정한 구조 안에서, 비록 당신의 상관이 엄하고 불합리적일지라도 존경심을 가지고 당신 자신을 헌신하라! 당신은 재판관이 될 수도, 재판할 수도 없을 것이다. 하물며 형을 언도하거나 집행하는 일은 더더욱 없을 것이다.

따라서 성도는 아래의 사항을 반드시 인식해야 한다.

나는 그리스도의 본을 따르면서, 하나님의 명령에 복종해야 하며, 고용주나 상관에 의해 가해진 부정에 대해서도 계속해서 복종해야만 하되, 그것을 하나님께 맡겨야만 한다. 그리고 그것이 더 큰 복수/신원이 된다.

이런 권면에 순응하는 것이야 말로, 악순환의 고리가 발생할 어떤 가능성도 방지하는 것임을 기억하라. 이것은 근본적으로 우리의 인간 본성에 대항하는 행동이므로, 우리 자신의 힘으로는 불가능하다. 그러나 예수님께서는 우리가 죄에 대해 진정으로 죽고 의롭게 살 수 있도록 만드신다(2:24).

나는 예수 그리스도의 발자취를 따라 걸을 수도, 아니면 스스로 원하는 방향을 택할 수도 있다. 나는 예수님의 보호 안에 있을 수 있고(2:25), 아니면 나 자신의 인생을 나의 영혼을 파괴하는 싸움으로 만들 수도 있다(2:11).

제12단계
하나님이 원하시는 바를 행하기 위한 당신의 행동을 찾아라

> 당신의 권위는 당신이 청지기로서 섬길 때 나온다.
> 이것이야 말로 당신이 '하나님 말씀의 사역자'
> (Verbum Divini Minister)라 불리는 이유다.

제12단계
하나님이 원하시는 바를 행하기 위한 당신의 행동을 찾아라

설교를 위한 첫 단계로서 단락을 이용하기

하나님은 성경을 모든 시대의 사람에게 그리고 오늘 우리에게도 권위있는 말씀으로 주셨다. 따라서 당신의 설교에 필수적으로 포함되어야 할 두 가지 사항이 있다.

- 당신이 설교할 때 반드시 하나님의 목소리가 들려야 한다.
- 당신은 한 명의 설교자로서 말씀뿐 아니라 회중을 향해서도 책임이 있음을 기억하라.

하나님과 회중은 구체적인 상황 안에서 서로 연결된다는 사실은 성경의 많은 구절에서 알 수 있다. 아래에서 보듯이, 계시록 1:1-2가 이에 대한 적절한 예다.

- 성부께서 말씀을 예수님에게 주셨다.

- 그 다음 예수님은 사도 요한이 그것을 볼 수 있도록 자신의 천사를 보내셨다.
- 그 다음 사도 요한은 회중의 말씀의 사역자들에게 그들이 처한 구체적인 상황 속에서 하나님의 메시지를 전달하기 위해 글로 썼다.

따라서 이와 같은 경우, 말씀의 사역자는 회중을 대표하는 말씀의 수신자이고, 자신의 신실함은 하나님의 말씀이 도달하는 마지막 목적지의 범위를 결정한다.

이것이야 말로 당신이 말씀의 사역자로서 갖추어야 할 사명이 중요한 이유이고, 말씀 주해와 설교에 있어 당신의 사명이 중요한 이유이기도 하다. 이러한 점에서 당신의 사명은 결코 멈추어서는 안 되며, 오히려 역동적이어야 한다. 당신의 사명과 성령님께서 준비시키시는 역사에 기초하여, 당신은 설교자로서 권위를 가진다. 이것은 단지 당신의 직무에서 나오는 권위가 아니다. 이 권위는 당신이 하나님의 진정한 종으로 남아 있는 한 계속해서 효과를 발생시킬 것이다. 당신의 권위는 당신이 청지기로서 섬길 때 나온다. 이것이야 말로 당신이 '하나님 말씀의 사역자'(*Verbum Divini Minister*)라 불리는 이유다. 당신은 설교를 통하여, 천국을 열고 닫는 열쇠를 활용한다.

이상에서 살펴본 것처럼, 하나님은 당신을 설교자로 부르셔서 말씀의 교훈을 먼저 받을 수 있는 관계 안에 두신다. 따라서 당신이 설교 한 편을 전달할 때, 먼저 하나님의 말씀을 받고 의사소통을 위해서 스스로 신실해야 한다. 신뢰와 신실함은 주로 아래의 두 측면에 의해 결정된다.

- 당신의 능력(예: 지성, 지식, 정확성, 자격)
- 당신의 인격(성실)과 경건의 연습(*praxis pietatis*; 훈련된 경건과 하나님과의 깊은 관계)

이런 근본적인 출발점 때문에 설교자는 설교의 과정에 있어 청중과 동떨어지거나 무관할 수 없다. 당신은 전기를 당신 자신 안으로 주입시키지 않고, 다만 그것을 모터에 전달하는 전선 역할을 하는데서 멈추면 안 된다. 한편으로 당신 자신은 말씀을 듣고 있는 회중의 한 부분이다. 즉 당신은 첫 번째 회중이다. 따라서 당신은 말씀을 듣기 위하여 첫 번째 사람이 되어야 하는 막대한 책임을 지닌다.

다른 한편으로, 설교자는 '하나님의 입'이다. 하나님은 당신을 통해 회중에게 말씀하시기 원하신다. 당신이 그 말씀을 받고 활용한 이후에, 그것을 통해서 말씀의 영향과 힘을 경험한 사람으로서 설교해야 한다. 따라서 당신은 단순히 복화술자가 되면 안 된다. 말씀은 당신을 통하여 지나가야 하며, 당신은 청중이 보고 들을 수 있는 말씀의 '표시'를 남겨야 한다.

이 사실은 설교자가 말씀의 첫 수신인으로서의 임무를 가지고 있기 때문이다. 당신이 말씀의 증인이 되기 이전에, 당신은 먼저 말씀의 예리한 역사에 자신을 노출시켜야 한다. 이런 과정 속에서, 당신은 자신이 처한 사회-역사적 상황은 물론 당신의 가족과 소유와 건강 등 당신의 삶에 대해 하나님께서 어떻게 말씀하시는지 양심적으로 비추어보아야 한다. 당신은 하나님으로부터 들은 것에 대한 증인으로서 행동해야 한다. 그것은 성령님께서 당신 자신의 상황 가운데서 말씀하셨을 때, 그리고 당신이 성령님에 의해 깨달음을 얻었을 때만 가능하다.

당신이 주님의 믿을 만한 증인으로서 행동한다는 사실은 당신의 설교 방식을 결정한다. 당신의 설교는 즉흥적이어서는 안 된다. 설교가 즉흥적이라면 당신 자신의 영감에 의존한다는 것을 의미하기 때문이다. 또한 설교문을 읽거나 낭송하는 방식도 바람직하지 않다. 왜냐하면 그것은 말씀이 아직 당신을 통하여 지나가지 않았다는 것을 증거하기 때문이다. 설교는 심지어 통째로 암기한 후 전달하는 것도 아닐 것이다. 왜냐하면 비록 당신이 설교 본문에 메여있지는 않을지라도 아직까지 당신이 많은 부분에 있어 그 메시지와 상관없이 살고 있음을 나타낼 수 있기 때문이다.

오직 당신이 다루는 특정 단락의 의사소통적인 목표를 인식하고 활용할 때, 그리고 당신이 그 메시지를 당신의 삶의 신념과 소유로 만들 때, 당신의 설교는 제대로 된 설교가 된다. 이것이야 말로 진정한 설교다. 이를 위해서 당신은 구원의 여러 사실들(언약을 포함)과 기도 가운데 그것들을 활용할 수 있도록 목록을 만들어 준비해야 함을 의미한다. 그리고 당신이 전달할 권면의 목록도 만들어야 하는데, 하나님 앞에서 인간적인 집착을 내려놓아야만 제대로 권면을 전달할 수 있다.

베드로전서 2:11-12와 2:18-25에의 적용

하나님께서는 내가 중생하였으며 따라서 그분의 자녀임을 보여주기 원하신다. 나는 지금 하나님께서 나를 단지 한 가지 이유, 그분이 그렇게 하시기 원하셨기에, 그분의 자녀로 삼으셨다는 것을 알고 있다. 이렇게 하나님께서는 나에게 복된 신분을 주셨다. 나는 천국의 '시민'이 되었다. 나는 이 상태를 즐겨야 하며, 나의 죄 된 본성에 굴복하지 말아야 한다. 내가 세상의 사회적 관점에서 볼 때, 나그네가 되고, 사회-정치적으로 고통과 차별을 받고, 혹은 죄인이라는 딱지를 달게 될 경우에도, 하나님은 인간적 방식으로 복수하지 않을 수 있는 영적 힘을 나에게 제공하신다.

그리고 우리는 주님께서 우리를 찾아오실 때에 증명할 수 있는 사실, 곧 우리가 부당하게 고통을 받고 있다는 사실을 장차 드러내실 것도 알고 있다. 따라서 나는 나의 행위가 옳았다는 것을 알아차리지 못하는 불신자들로 인해 낙심해서는 안 된다.

벧전 2:18-25로부터 당신은 아래와 같은 것을 알 수 있다.

나는 하나님께서 나의 진정한 주인이시라는 것을 인식하고 있음을 증명하는 모든 태도를 주님이 원하신다는 것을 알고 있다. 이 사실은 내가 이 세상의 '주인들'에게, 심지어는 그들이 이유 없이 까다로울 때에라도 나 자신을 복종시키는 이유이다. 내가 부당한 상급자에게 보이는 반응 가운데, 예수님의 본을 따르려고 진정으로 노력해야 한다. 왜냐하면 그렇게 함으로써 나는 영혼의 목자와 감독자의 보호를 즐길 수 있음을 알기 때문이다.

권면들이 작용하도록 만들기 위한 전략

이론적 지침들

권면은 반드시 당신의 (그리고 당신의 청중의) 매일의 삶 가운데서 실천될 수 있어야 한다. 당신 자신과 회중을 위해서, 설교 가운데 드러내야 할 전략을 위해 아래의 세 가지 단계를 기억하고 지켜보라:[1]

일반적인 것 - 단락은 당신에게 행동할 것을 요구한다.
특정한 것 - 당신은 무엇인가를 명확하게 만들어야 한다,
구체적인 것 - 당신은 특정한 무엇을 이런 방법으로 해야 한다.

동시에 권면을 상세하고도 구체적으로 만들기 위한 과정은 '어떻게'라는 지침으로 보충되고 강화되어야만 한다. 이런 '어떻게'라는 지침은 본문 가운데 명시적 혹은 암시적으로 종종 나타난다(예. 마 5-7). 그러나 만일 그것이 명시적이지 않다면, 설교자는 자신의 청중을 준비시키고

---

[1] 이 단계들은 Dr. Gerrie Labuscagne에 의해서 그의 박사논문에 명시되어있다.

실천으로 인도할 수 있는 수단, 방법, 그리고 지침을 생각해야만 한다.

베드로전서 2:11-12와 2:18-25에의 적용

당신은 권면들(그리고 설교로 그것들을 전달함에 있어)을 위해서, 해석 상 당신은 아래와 같은 여러 전략들을 고려할 수 있다. 그리고 청중에게 그 내용을 제대로 전달할 수 있을 것이다.

- 하나님은 자기 자녀가 그들의 본성적 욕망과 인간적 본성에 굴복하지 않기를 요구하신다.

    어떻게? - 나의 자기 주장, 반항적 기질, 복수 등의 본성적 경향에 굴복하지 않음으로써.

    - 겸손, 수고, 그리고 조건 없는 사랑을 주는 것과 같은 선한 행동으로써.

- 당신이 '거류민과 나그네'라는 것을 알고 있다는 사실은 당신으로 하여금 선한 행동으로 동기를 유발시켜야 한다.

    어떻게? - 사람들이 나를 경멸하며 나를 업신여겨도, 나의 '거류민과 나그네'라는 상태 중에서라도 하나님은 자신 그리고 예수님 곁에서 내가 함께 통치하는 영광스런 신분을 주셨음을 되새김으로써.

- 당신은 당신 자신을 '주인들'에게, 비록 그들이 까다롭고 부당할지라도, 적절한 존경심을 가지고 복종해야만 한다.

왜? - 이것이야말로 당신의 유일하고 참된 주인이신 하나님께서 자신의 중생한 자녀인 당신에게 지상의 '주인들'과의 관계 가운데서 기대하시는 것이기 때문이다.

어떻게? - 그 특정한 상급자가 얼마나 부당한가와 상관없이(그것이 당신이 주님께 불복종하는 것을 의미하지 않는 한) 당신에게 기대하는 것을 행함으로써.

- 상급자에게서 예상되는 부당함을 토의하고, 합법적인 기관들이 그의 행동이 엄하거나 터무니없다고 확인하도록 함으로써. 그러나 만약 당신이 이런 조치를 취할 수 없을 경우, 둘 중에 한 가지 선택만 남아있다. 당신이 그에게 복종하거나, 아니면 당신이 상관의 지배를 받는 자리를 떠나야 한다. 예를 들면, 다른 지위를 받아들이는 것이다.

제13단계
단락을 위한 설교의 요지와 대지들을 설정하라

> 사고의 결론이 논리적이고
> 명확하게 되도록 노력해야 한다.

제13단계
단락을 위한 설교의 요지와 대지들을 설정하라

이론적 지침들

설교 요지는 반드시 중요 구절(요절)에 충실해야 한다. 요지는 짧고 간결한 하나의 문장 형식이 바람직하다. 요지를 명확히 만들 때, 아래 유형을 고려하라.

- 만일 단락이 감동적인 시적 언어로 써 있다면, 요지 역시 이런 특성을 반영해야 한다. 그저 냉랭한 서술에 그쳐서는 안 된다.
- 만일 중요 구절이 복과 구원의 사실들(언약을 포함)을 포함하고 있다면, 요지는 하나님께서 그런 요소들을 통하여 회중과 적절히 상호작용할 수 있는 진술을 가지게 될 것이다.
- 만일 중요 구절이 권면의 양식을 취한다면, 요지는 그런 권면의 양식을 띄게 될 것이다.

대지들은 서론과 결론을 포함하는 전형적인 세 부분이 될 수 있다. 이 경우 간결한 것이 무엇보다 중요하다(Simplicity is the watchword). 만일 한 편의 설교가 몇 가지 대지로 나누어지지 않는다면, 사고의 결론이 논리적이고 명확하게 되도록 노력해야 한다.

베드로전서 2:11-12, 2:18-25에의 적용

만일 당신이 벧전 2:11-12만을 설교한다면, 요지와 대지들은 아래와 같다.

계속해서 선을 행하라!: 우리는 거류민과 나그네로서 다른 이들의 악을 계속해서 선을 행함으로써 극복해야 한다.

1. 서론
2. 거류민과 나그네로서의 신자
3. 인간의 악행: 차별대우와 불법
4. 선을 행함으로 악을 끝냄
5. 결론

만일 2:18-25가 더해진다면, 요지와 대지들은 아래와 같다.

가혹한 상급자에게 조차도, 예수님의 본을 따라, 당신 자신을 완전히 복종시키라!

1. 서론
2. 일차 독자들
3. 일차 독자들에 대한 권면
4. 우리를 향한 권면의 암시
5. 결론

제14단계
되돌아보고 수정하라

> 되돌아보고 수정하라.

제14단계
되돌아보고 수정하라

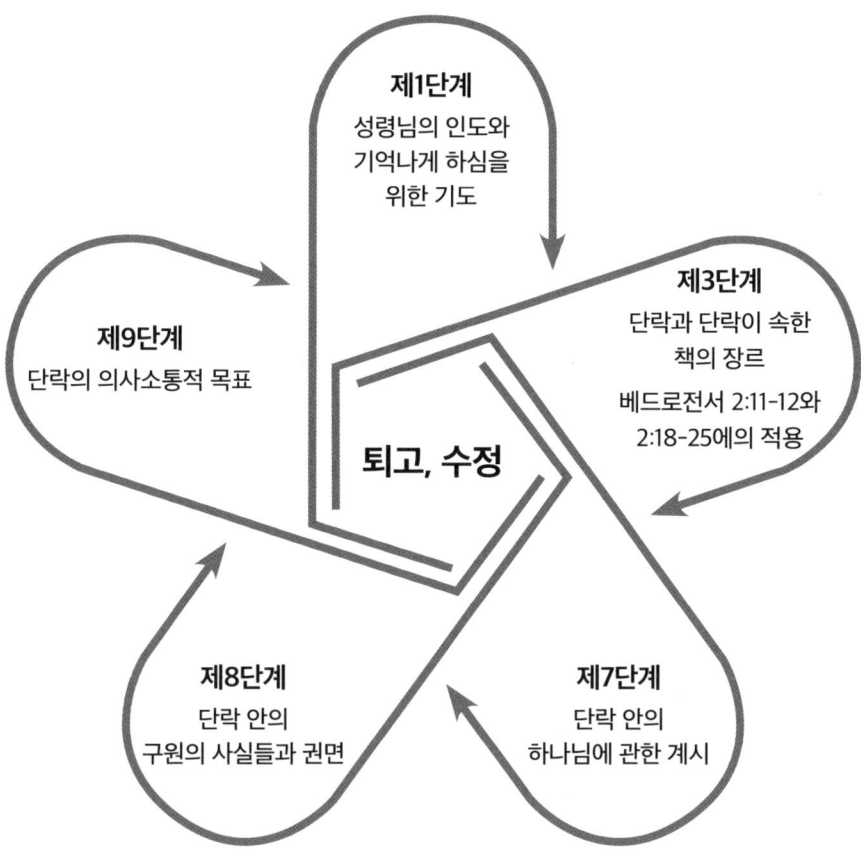

제15단계
단락을 위한 설교의 구조를 세우라

> 서론은 두 문장 안에, 대지들은 각각 두세 문장 안에,
> 그리고 결론 역시 두 문장 안에
> 핵심이 잘 드러나도록 하라.

제15단계
단락을 위한 설교의 구조를 세우라

이론적 지침들

다음 단계는 설교의 논리적 배열과 그것이 하나의 잘 짜여진 단위임(close-knit unit)을 확실하게 만드는 데 도움을 준다. 이것은 당신이 즉시 원고를 작성하지 않고 요지에서 벗어난 생각을 하지 않도록 훈련시킨다.

이 단계에서 구성은 대략 300자 정도가 적절한데, 서론과 대지들, 그리고 결론의 테두리 안에(요지에 대한 설명과 함께) 배치해야 한다. 이때 서론은 두 문장 안에, 대지들은 각각 두세 문장 안에, 그리고 결론 역시 두 문장 안에 핵심이 잘 드러나도록 하라.

베드로전서 2:11-12에의 적용

i. 서론

상급자로부터 받는 부당한 대우에 대하여, 반항이 옳은 태도인가에 대한 질문을 다시 한번 우리 가운데 많은 사람이 직면하고 있다.

ii. 일차 독자들

터키에 살았던 일차 수신자들은 나그네였다. 이것은 그들이 시민권을 가지지 못한 이방 나라에 거주했다는 것을 의미한다.

iii. 일차 독자들에게 주는 권면

주인에게 범사에 두려움으로 복종하라는 권면은 그가 까다로우며 터무니없을 경우에도 유효하다. 불의한 상급자를 향해서 예수 그리스도께서 취하신 태도는 성도에게 중요한 모범으로 작용한다.

iv. 권면의 함축적 의미

베드로전서 2장에서 베드로가 주는 권면은 아주 명확하다. 하나님께서 정해두신 온갖 권위를 가지고 있는 상급자에게 당신은 범사에 두려움으로 복종하라! 상급자가 엄하며 터무니없을 때조차도 그렇게 하라! 여기서 몇 가지 예를 들어보자. 한 명의 그리스도인으로서 당신은 불의한 고용주에게 반감을 품을 권리를 가지고 있지 않다. 그리스도를 본받아 당신은 하나님께서 당신이 행하기를 원하시는 것을 계속 해야만 한다. 그리고 심판은 그분의 손에 맡겨 두어야만 한다. 심지어 복수조차도!

v. **결론**

　당신이 상급자로부터 부당함을 경험하였을 때, 그저 우리 구주 예수 그리스도의 자취를 따르면서 나머지 일은 공의롭게 심판하시는 하나님께 맡겨버리라. 만일 당신이 이렇게 한다면, 25절의 말씀과 같이 당신은 당신 삶의 목자와 감독자와 함께 하게 된다. 하지만 그렇지 않고 스스로 심판하고 복수하기 원한다면, 당신은 자신을 삶의 목자와 감독자의 영역밖에 두고 만다.

제16단계
설교의 서론과 결론을 작성하라

> 서론의 내용은 반드시 모든 청중이 "여기요! 나에게도 관련 있어요!"라고 말할 수 있도록 만들어야 한다. 결론은 한 가지 이미지 속에 모든 것을 요약하는 은유적 표현(metaphor)이면 좋다.

제16단계
설교의 서론과 결론을 작성하라

이론적 지침들

　설교의 서론은 청중이 자신의 삶의 현장에서 가져온 것을 성경의 특정한 부분으로 가져가는 깔때기와 같은 것이어야 한다. 따라서 서론에서 명확하게 드러난 삶의 환경은 그 단락의 메시지와 아주 밀접해야 한다. 그러므로 서론은, 예를 들어, 세계 정치와 같이 청중의 삶의 실제 상황과 너무 동떨어져서는 안 된다. 그것은 남녀노소, 즉 말씀을 듣는 모든 사람의 주의를 집중시킬 수 있어야 한다. 서론의 내용은 반드시 모든 청중이 "여기요! 나에게도 관련 있어요!"라고 말할 수 있도록 만들어야 한다.

　서론은 약 300자 정도 분량이 적절하다. 그리고 가급적이면 다루는 그 단락의 요지를 포함해야 한다. 하지만 요지가 결말을 가지고 있거나, 그 단락에 관하여 놀랄만한 요소를 포함하고 있어서 설교 결론에 언급이 되어야 한다면, 서론에서 요지를 항상 포함할 필요는 없다.

　결론은 설교의 클라이맥스에서 중심 사상(요지)을 매듭짓는 역할을 한다. 결론에서 새로운 사상을 소개하면 안 된다. 결론은 한 가지 이미지 속에 모든 것을 요약하는 은유적 표현(metaphor)이면 좋다. 본문을 고려하여, 결론이 권면, 질책, 위로, 혹은 언약을 포함할지 여부를 결정하면 된다.

벧전 2:11-12, 18-25에의 적용

서론

상급자가 터무니없을 때, 우리가 반항할 수 있는 권리를 가지고 있는지에 대한 질문은 우리 중 많은 사람들이 다시 한번 직면하는 문제가 되었다. 당신은 그런 취급을 받을 이유 없이 상급자로부터 부당하게 고난을 받는 것이 무엇이며, 그리고 권력자로부터 고통 받는 것이 어떤 느낌인지 알고 있다.

오늘날 우리는 베드로전서를 통해 우리가 그와 같은 부당함의 표적이 되었을 때 취해야 할 태도와 행동에 관한 지침을 볼 수 있다. 그러나 문제가 되는 상황을 더욱 구체적으로 파악하기 위해서 우리가 읽은 단락을 조명해 주는 전형적인 몇 가지 상황을 살펴보자.

- 당신은 소유주가 사장으로 있는 사업체에서 일하고 있다. 그는 완전히 터무니없는 사람이다. 당신은 정기적으로 그리고 이유 없이 질책 당하고 박봉에 시달리고 있다. 어떻게 해야 하는가?

- 당신은 교사다. 그리고 당신 부서의 상급자나 교장은 당신에 대해 완전히 부당하게 행동한다. 당신은 이유 없이 가혹하게 질책 받는다. 당신은 성공적으로 만든 기획안에 대해서 인정받지 못한다. 또한 당신보다 무능하고 자질을 갖추지 못한 동료가 당신보다 먼저 승진한다. 당신은 여자이거나 남자이기에, 혹은 백인이거나 흑인이기에 차별 받는다. 이런 상급자에 대해 당신은 어떤 태도를 취해야 하는가?
- 당신은 군인이다. 그리고 당신은 상상할 수 있는 최대 한도로 가장 무자비하게 장교의 희생물이 되었다. 그는 당신에게 고함치고 욕한다. 또한 그는 거의 불가능한 명령을 당신에게 한다. 본문에서 하나님은 당신에게 무엇을 허락하고 계시는가?
- 당신은 능력 없고 터무니없는 선생이나 강사에게 수업을 받고 있다. 이런 식의 부당함을 당신은 어떻게 다루겠는가?
- 정치에 있어서 당신의 지방정부가 성이 'ㄱ-ㅅ'으로 시작하는 모든 사람은 남북으로 통하는 주도로의 동쪽에 살도록 공포하였다. 당신은 어떻게 반응해야 하나?

본문으로 돌아가자. 벧전 2:18에 의하면, 피고용인들에게 주어진 권면은 아주 명백하다.

범사에 두려워함으로 주인들에게 순복하되, 선하고 관용하는 자들

에게만 아니라 또한 까다로운 자들에게도 그리하라

결론

　당신이 상급자로부터 부당함을 경험하였을 때, 그저 우리 구주 예수 그리스도의 자취를 따르며 나머지 일은 공의롭게 심판하시는 하나님께 맡겨 버리라. 만일 당신이 이렇게 한다면, 25절의 말씀과 같이 당신은 인생의 목자와 감독자와 함께 거하게 된다. 하지만 그렇지 않고 계속 심판하고 복수하려고 시도한다면, 당신은 자신을 인생의 목자와 감독자가 다스리시는 영역밖에 두고 만다.
　이제 논의를 명확히 정리해 보자. 나는 예수 그리스도의 자취를 따르고 있거나, 아니면 나 자신의 길을 가고 있다. 나는 그리스도께서 보호하시는 영역 안에 있거나, 나의 삶을 파괴하고 있다. 당신 자신을 점검해 보라. 그리고 그것을 다른 사람들과 나누어 보라!

제17단계
설교문을 작성하라

> 특정 구절의 본질에 충실하도록 노력하라.

제17단계
설교문을 작성하라

이론적 지침들

여기서 가장 중요한 지침 가운데 하나는 본문과 문맥 안에 머무는 것이다. 이것은 당신이 여러 혹은 다른 주제들에 관하여 설교문을 작성하려는 유혹을 피하도록 돕는다.

짧은 문장들을 써 보라. 그리고 동사를 문장의 맨 앞에 두도록 노력해 보라. 당신이 내린 주해의 결과를 완전하게 만들어 보라. 회중의 구성원들에게 예를 제시하거나 주의하여 은유를 활용함으로써, 실천을 위한 구체적인 단서를 제공하라. 하지만 절대로 너무 많은 은유(예화)를 사용하지는 말라. 회중을 설교자 자신 혹은 나 또는 우리라는 개념 안으로 초대하여 설교 할 것인지 미리 결정하라. 특정 구절의 본질에 충실하도록 노력하라. 예를 들어, 베드로전서 2장은 편지의 한 부분이다. 당신은 결코 애인에게 보내는 연애편지 형식으로 설교를 하지 않음에도 불구하고, 결국 당신은 개인적인 편지의 매우 사적이고 친숙한 어조로 설교하게 될 것이다.

청중의 상황을 분석하여 적용과 전달 방식을 결정하라. 그리고 청중이 매일 사용하고 이해하는 용어로 전달하라. 그리고 11단계와 12단계에서 당신이 수집한 정보들을 이용하라. 14세의 어린이나 청소년이 이해할 수 있는 언어를 구사하도록 노력하라. 순간의 영감(brain flash)과 같은 것을 활용하여, 달리 적용할 수 있는 가능성을 심사숙고해 보라. 당신의 적용이 진정으로 본문, 주제, 그리고 그것의 취지에서 도출한 것인지 확인해 보라. 적용을 절대 일반화시키지 말고, 혹시라도 특별한 적용에 의해 메시지를 분명하게 받아들일 사람을 위하여 적용의 여지를 남겨두라.

설교문을 작성하기 전에 당신은 성령님께서 설교할 바른 내용을 제공해 주시기를, 그리고 성경에 고정되도록 도우시기를, 의사소통이 원활한 용어를 명확하게 표현할 수 있도록, 그리고 당신이 청중을 당신의 생각 속으로 분명하게 인지할 수 있도록 기도해야만 한다. 당신이 설교문을 작성하는 동안, 당신의 여러 생각이 잘 구성되도록 만들기 위해 고심해야 하는데. 그때도 기도하기를 멈추면 안 된다. 새롭게 발견한 모든 사항을 담아 설교문을 완성했다면, 주님의 은혜에 감사하라.

설교문을 작성하는 동안 혹은 이전에, 하나님과의 만남과 묵상을 위하여 조용한 장소를 찾아 일상을 벗어나는 것도 도움이 된다. 또한 이런 과정동안, 성경의 다른 부분을 읽어 보라. 혹시 성령님께서 당신이 그 작업을 지속할 수 있도록 당신의 생각을 새롭게 하시고 정돈하실 것이다. 때때로 당신은 밀어 붙이기도 하지만, 혹은 설교문의 전부를 새로

고쳐 써야 할 경우도 만난다. 또한 때로는 전체적 관점(perspective)을 갖추고, 거리(distance)를 두기 위해 쉬기도 해야 한다.

베드로전서 2:11-12, 18-25에의 적용

성경 말씀: 벧전 2:11-12, 18-25
중요 구절: 벧전 2:11-12, 18

i. 서론

상급자가 터무니없을 때 우리가 반항할 수 있는 권리를 가지고 있는지에 관한 질문을 우리 중 다수는 여러 차례 직면한다. 당신은 그런 취급을 받을 이유 없이 상급자로부터 부당한 대우로 받는 고통이 무엇이며, 권력을 가지고 있는 사람으로부터 고통 받는 것이 어떤 느낌인지를 알고 있다. 오늘 우리는 베드로전서 속에서 우리가 그와 같은 부당함의 표적이 되었을 때, 우리의 태도와 행동에 대한 지침을 찾아볼 수 있다. 그러나 이런 문제의 상황을 더욱 구체적으로 알아보기 위해서 우리가 읽은 본문에 관하여 빛을 비춰주는 몇 가지 전형적인 상황을 살펴보자.

- 당신은 사장의 사업체에서 일하고 있다. 그는 완전히 터무니없는 사람이다. 당신은 정기적으로 그리고 이유 없이 질책 당하고 박봉에 시달리고 있다. 어떻게 해야 하는가?

- 당신은 교사다. 그런데 당신 부서의 상급자나 교장은 당신에 대해 완전히 터무니없이 행동한다. 당신은 이유 없이 가혹하게 질책 받는다. 당신은 성공적으로 작성하여 제출한 기획안을 인정받지 못한다. 또한 당신보다 무능력하고 자질이 떨어진 동료가 당신보다 먼저 승진한다. 당신은 여자 혹은 남자라는 이유로, 그리고 백인 혹은 흑인이라는 이유로 차별을 받는다. 이런 상급자에 대해 당신의 태도는 어떠해야만 하는가?
- 당신은 군인이다. 그리고 당신은 상상 가능한 가장 무자비한 방식으로 장교의 희생물이 되었다. 그는 당신에게 고함치고 욕설을 퍼붓고, 거의 실행이 불가능한 명령을 당신에게 내린다. 그 본문에서 하나님은 당신에게 무엇을 허락하고 계신가?
- 당신은 상관이 엉터리 지침을 줄뿐만 아니라, 당신을 차별대우하는 어떤 모임의 회원이다. 그렇다면 당신은 어떤 행동을 지금 취해야 하는가?
- 당신은 능력 없고 터무니없이 가르치는 선생이나 강사에게 배우고 있다. 이런 식의 부당함을 당신을 어떻게 다루겠는가?
- 정치에 있어서 당신이 속한 지방의 정부가 성이 'ㄱ-ㅅ'으로 시작하는 모든 사람은 남북을 관통하는 주도로의 동쪽 지역에만 살도록 하는 내용을 공표했다. 당신은 어떻게 반응해야 하는가?

본문으로 돌아가자. 벧전 2:18이 피고용인들에게 주는 권면은 아주 명백하다.

> 범사에 두려워함으로 주인들에게 순복하되 선하고 관용하는 자들에게만 아니라 또한 까다로운 자들에게도 그리하라

행동을 위한 이런 권면을 정확하게 이해하고, 그것이 위에서 예를 들어 언급한 모든 상황 속에서 어떻게 적용이 가능한지 알아보려면, 베드로전서의 일차 독자의 형편을 먼저 살펴보는 것이 중요하다.

ii. 일차 독자들

벧전 1:1에 의하면, 편지의 일차 수신자들은 '거류민/나그네'이다. 이 사실은 그들이 평범한 주거지가 아닌 지역에 살고 있던 이들임을 의미한다. 그들은 미지의 새로운 나라에 정착한 외국인들이었다. 그들이 거류민과 나그네가 된 이유는 언급되지 않는다. 그들이 육체적으로는 박해 당하지 않았다 하더라도, 눈에 띄는 사회적 압력이나 차별대우와 같은 형태로 박해 당했음을 짐작할 수 있다.

베드로전서로부터 추론하면, 거류민과 나그네는 정치적 권한이 없는 사람들로서, 외국인 신분을 가지고 '이교도들' 사이에서 살아야만 했기에 정신적인 소외를 경험한 이들을 가리키는 것은 분명하다. 거류민과 나그네로 존재하는 동안 다른 대안 직업을 가지지 못할 경우, 그들은 자주 가혹하게 사람을 다루는 고용주를 위해서 일해야만 하며, 이런 상황

때문에 그들은 어떤 형태로든 피난처를 찾는 데 절박한 심정이었다.

베드로는 편지의 수신자들이 힘든 상황으로 인해 포기하려는 순간에 있다는 것을 알았다. 그들은 터무니없는 대우, 욕설, 배척, 그리고 박해로 인해 그들의 나그네 신분(alienity)이 내포하는 의의를 받아들일 수 없었다. 그들은 미래의 전망에 어두웠고, 소망을 상실한 위험에 처해 있었다. 그들은 어려운 환경의 덫에 걸린 것처럼 느꼈다.

벧전 2:11-12에서 베드로는 이런 독자들에게 일반적인 지침을 제공한다: "사랑하는 자들아. 거류민과 나그네 같은 너희를 권하노니, 영혼을 거스려 싸우는 육체의 정욕을 제어하라. 너희가 이방인 중에서 행실을 선하게 가져……" 그리고 2:18-25는 이런 일반적 지침을 염두에 두고, 특별히 고용주와 피고용인 사이의 관계에 적용한다.

iii. 일차 독자들에게 주어진 규정

이런 상황 속에서 베드로는 그리스도인 피고용인들로 하여금, 고용주들의 터무니없고 부당한 대우에 직면하더라도 범사에 두려움으로써 자신을 복종시켜야한다는 권면은 무효화되지 못한다는 사실을 기억하도록 격려한다. 고용주들에게 복종하라는 하나님의 권면은 여전히 유효하다. 하지만 고용주의 터무니없는 부당함은 여전할 것이다.

19절에서 베드로는 조건 없는 복종이라는 규정에 동기를 부여한다. "애매히 고난을 받아도 하나님을 생각함으로 슬픔을 참으면 이는 아름다우나"

어떤 피고용인이 부당한 처우에 대하여 반항하려는 유혹에 굴복할 때, 그는 더 이상 하나님께서 원하시는 것을 행하지 않는다. 그런 저항 이후 혹은 저항하는 동안, 피고용인이 경험하는 고통은 20절이 밝히듯이 당연한 것이다.

죄가 있어 매를 맞고 참으면 무슨 칭찬이 있으리요? 예수님께서 본으로 보이신 행동을 기억하라! 따라서 베드로는 그리스도인을 위한 예로 상급자의 터무니없는 처우 가운데서 예수님이 취하신 행동을 제시한다. "그리스도도 너희를 위하여 고난을 받으사 너희에게 본을 끼쳐 그 자취를 따라 오게 하려 하셨느니라."(벧전 2:21). 22절부터 이러한 '자취들'이 설명된다. 예수님께서 위에 있는 자들로부터 불법을 경험하셨을 때, 주님은 복수하지 않으셨다.

- 첫 단계: 예수님은 죄를 범하지 않으셨다. 즉 그분의 입에는 기만이 없다(2:22). 이것은 그리스도인이 결코 자신이 직면해야 하는 이유 없는 고통을 피하기 위해, 관료들에게 거짓말을 해서는 안 된다는 것을 의미한다(예: 겟세마네 동산에서 예수님의 체포).
- 두 번째 단계: 예수님은 모욕당했을 때도 복수하지 않으셨다 (2:23a). 예를 들어, 군인들이 예수님 주위에서 춤추고 모욕했을 때, 주님은 십자가 위에서 내려오시거나 그들을 대하여 욕하지도 보복하지도 않으셨다.
- 세 번째 단계: 예수님이 고난 당하셨을 때, 그분은 아무런 위협도

하지 않으셨다(2:23b). 자신이 겪은 부당한 고난에 대해 예수님은 자신의 천사군대와 전능한 능력을 동원하여 로마 군인들을 위협하지 않으셨다.

- 네 번째 단계: 예수님은 오직 한 가지 태도만 보이셨다. 환언하면, 주님은 공의로 심판하시는 분에게 자신을 부탁하셨다(2:23b).

모든 시대의 그리스도인 피고용인/종은 고용주가 부당한 대우를 가할 때, 어떻게 해야만 하는지 이제 알 수 있을 것이다. 그것은 고용주에 의한 부당한 행동이 반항할 수 있는 권리를 준다는 생각을 해서는 결코 안 된다는 것이다.

따라서 이 단락으로부터 추론할 수 있는 요점은 아래와 같다.

> 상급자의 터무니없는 행동은 신자가 이와 같은 권력자에게도 복종해야한다는 하나님의 권면을 무효화시키지 않는다. 따라서 부당하게 취급 받는 이는 스스로 심판자가 될 수 없으며 반항할 수도 없다.

그러나 이것은 단지 고용인-피고용인의 관계에만 적용되는 것이 아니다. 이것은 그와 같은 권력의 위치에 있는 사람으로부터 당신이 부당한 대우를 받는 모든 관계에 적용된다. 우리는 이것을 아주 명확하게 이해해야 한다. 이것은 상급자가 당신으로 하여금 다니엘과 그의 친구들에게 일어났던 것과 같이 우상에게 절하도록 명령하는 것과 같은 신앙에 있어 근본적인 문제를 염두에 둔 것이 아니다. 성경은 그와 같은 명령에 당신이 어떻게 반응해야 하는가에 대해 아주 명확히 말한다. "당신이 나를 죽인다 할지라도(그리 아니하실지라도) 나는 결코 따를 수 없다." 그러나 여기 벧전 2:11-12와 2:18-25에서 그것은 부당함, 터무니없음, 진급의 누락과 같은 신앙에서 근본적이지 않은 경우와 관련된다.

iv. 이 교훈이 오늘날 우리에게 주는 함축적 의미

그렇다면 앞서 설교 가운데 언급되었던 전형적 상황들을 위하여 이 교훈이 주는 함축적 의미는 무엇인가? 우선 여기서 오직 피고용인들만이 일차 수신인이라는 것을 알아차리는 것이 중요하다. 그리고 이 본문은 고용인/상급자를 위해서는 오직 간접적으로만 관련되어있다. 따라서 파업 직전의 고용주들에게 말하는 어떤 내용으로 오용되어서는 안 된다. 하나님께서는 여기서 당신과 당신의 태도에 대해서 말씀하고 계신다. 이러한 상황에서 베드로전서 2장의 권면은 아주 명백하다: "권력의 위치에 있는 당신의 상급자에게, 그가 터무니없고 부당할지라도, 범사에 두려움으로 당신 자신을 그에게 복종시켜라."

이것은 평범한 불신자에게는 불가능하다. 왜냐하면 그/그녀가 중생하지 않았기 때문이다. 그리고 자신의 권리를 주장하고 반항하는 것이 사람의 본성이기 때문이다. 일반 상식과 경험상 당신이 부당한 대우를 당할 때, 저항할 수 있는 권리를 가질 수 있다고 판단할 수 있다. 당신은 성경으로써 이것을 증명할 수 있다. "눈에는 눈!" 전형적인 추론은 아래

와 같을 것이다:

- 나는 내가 마땅히 할 만한 승진을 못했고 그 결과 박봉을 받았다. 이제 내가 당연히 나의 몫을 취한다 해도 하나님께서는 나를 비난하시지 않을 것이다. 나는 상관의 것을 도둑질을 하려고 시도한다. 그의 시간, 돈, 장비 등.
- 나의 상관이 이유 없이 나를 모욕한다. 만일 그가 그런 식으로 나를 취급한다면, 나는 보복을 할 것이다('안전한' 간접적인 방법으로). 나는 그에 대해 나쁜 소문을 퍼뜨릴 것이다. 그리고 그의 모든 사소한 비밀을 말할 것이다.
- 만일 나의 상관이 너무나 부당하게 나에게 고통을 준다면, 나는 아마도 상관을 협박할 것이다.
- 강사나 교사가 무능력한데다 비합리적인 이상, 내가 부정직한 것과 부정직한 방법으로 점수를 얻는 것은 허용된다.
- 지역당국이 멍청하고도 불합리한 법률을 공표하는 이상, 나는 그것에 협력하는 것을 거절할 것이다. 그리고 만일 그들이 조심하지 않는다면, 나는 시청을 폭파할 것이다!
- 그리고 중앙정부가 나를 차별 대우하는 법을 공표한다면, 나는 무기를 들어 그들에 대항하여 반란을 일으킬 것이다

벧전 2:18-25를 볼 때 이러한 반응 중 그 어느 것도 허용될 법하지 않다는 것이 명백하다. 아마도 당신은 결코 스스로 판사나 배심원이 되거

나, 형을 언도하여 보복할 자리에 오르지 못할 것이다.

따라서 그리스도인으로서 당신은 부당한 고용주에게 반항할 권리를 가지고 있지 않다. 예수님의 본을 따라서 당신은 하나님의 명령에 계속해서 복종해야만 한다. 그리고 그와 같은 고용주에 대한 심판(앙갚음)은 하나님의 손에 맡겨야만 한다.

따라서 나는 이런 부당함에 관하여 이야기하거나 나의 처지에 대해 말하도록 허락을 받았는가? 물론 당신은 그것을 당신의 부당한 상관과 토의할 수 있고 그렇게 해야만 한다. 상관이 그리스도인이면 더욱더 그리해야 한다. 하나님께서는 우리나라를 법으로 우리의 권리를 보장하도록 복주셨다. 만일 모든 정당한 시도가 실패로 돌아간다면, 당신은 그 부당한 고용주를 고발할 수 있을 것이다. 그러나 만일 그것 역시 실패한다면, 그리고 상급자가 계속 부당하게 대우한다면, 당신은 이러한 권력의 구조로부터 탈출하기 위해서 다른 직업을 찾거나 아니면 당신 자신을 상관에게 복종시켜야 한다. 이것은 혁명을 꿈꾸는 것을 완전히 예방한다. 그리스도는 우리로 하여금 이렇게 처신하도록 도우신다. 그것을 2:24는 이렇게 밝힌다. "우리로 죄에 대하여 죽고, 의에 대하여 살게 하려 하심이라"

v. 결론

당신이 터무니없는 상급자의 부당한 표적이 되었을 때, 그저 우리의 구주 예수 그리스도의 자취를 따르고 나머지 일은 공의롭게 심판하시는 하나님께 맡겨야 한다. 만일 당신이 이렇게 행동한다면, 25절의 말씀과 같이 당신은 인생의 목자와 감독자와 함께 사는 것이다. 하지만 그렇지 않고 여전히 심판하고 복수하기 원한다면, 당신은 당신 자신을 삶의 목자와 감독자의 영역밖에 두고 만다. 이제 분명하게 점검해 보자. 나는 예수 그리스도의 자취를 따르고 있거나, 아니면 나 자신의 길을 가고 있다. 나는 그리스도의 보호의 영역 안에 있거나, 아니면 나의 삶을 파괴하고 있다. 아멘.

제18단계
설교 자료들을 참고하라

> 너무 성급히 설교 자료들을 참고한다면,
> 당신은 당신과 성경 사이의 역동적 관계를 깰 수 있다.

제18단계
설교 자료들을 참고하라

이 단계는 설교를 실제로 하려고 설교문을 익히기 전에, 설교 형식의 주석과 설교집을 참고하기에 가장 적절한 때이다.[1] 그러나 당신은 반드시 이미 작성해 둔 설교문 위에 당신 자신의 아이디어를 가지고 있어야 한다. 그렇지 않으면 당신은 진실된 첫 번째 증언을 하는 대신, 쉽게 모방자로 전락하여 '중고품'과 같은 메시지를 전달하게 된다.

설교 자료들을 참고할 때, 당신은 더 넓은 적용을 위해서 수많은 좋은 예화와 아이디어를 발견할 수 있을 것이다. 한 편의 설교를 만들 때, 해석학적 단계들과 더불어 이러한 추가적인 설교 단계들에 있어, 성경을 최대한 이용하는 것도 중요하다. 너무 성급히 설교 자료들을 참고한다면, 당신은 당신과 성경 사이의 역동적 관계를 깰 수 있다. 그리고 그런 경우, 성령님의 인도와 깨닫게 하심을 차선에 두게 된다. 이 단계에서 설교 기법과 당신의 설교를 풍성하게 만드는 요소를 찾아서 누락하지 않도록 주의하라.

---

1. 예를 들어, S. McKnight, *1 Peter* (NIV Application Commentary; Grand Rapids: Zondervan, 1996; 역자 주).

제19단계
작성에서 전달까지 마무리하라

> 기록된 설교문을 읽고 또 읽으라.

제19단계
작성에서 전달까지 마무리하라

이론적 지침들

설교는 당신이 설교문을 다 작성했다고 해서 끝나는 것이 아니다. 이제 설교문 작성은 기록된 것으로부터 성령님의 역사를 통해서 회중에게 전달되어야만 하는 메시지로 옮겨가는 중요한 과정의 출발점일 뿐이다. 기록된 설교문을 읽고 또 읽으라. 혹은 그것을 더 작은 용지에 요약하여 적을 수도 있다. 진정으로 메시지를 소화하라. 그리고 그 메시지를 효과적으로 전달하도록 연습하라.

이 과정에서 당신은 성경 연구에서 잠시 물러나 조용한 장소에서 더 많은 시간을 보내도록 요구한다. 그것은 당신이 작성, 묵상, 그리고 성찰의 재능을 활용하여 훈련할 것을 요청한다. 이것이야 말로 진정으로 경건의 연습(*praxis pietatis*)이다. 이 과정은 기도를 요구한다. 경배, 겸손(하나님 앞에서 당신의 무지와 무가치함을 인정하는 것), 죄의 고백, 감사, 간구와 중보, 또한 청중을 위한 기도가 이 과정에 담겨 있다. 그것은 심지어 반성과 글쓰기의 긴장과 스트레스로부터 당신을 돕기 위해 운동을 하거나, 조깅 혹은 정원 일과 같은 육체적인 어떤 활동을 요구할 수도 있다.

예배 동안의 예전의 진행과 기도자의 준비를 위해 양질의 시간(quality time)을 사용하는 것도 매우 중요하다. 이 작업은 당신이 설교하기에 앞서, 당신의 가족이나 친구들에게 설교를 먼저 적용해 보도록 부탁할 수도 있다.

예배에 있어 기도 인도자는 매우 중요하다. 당신은 기도 가운데 반드시 집중해야만 하는 예배 순서와 설교에 관한 특정 사항을 기도 인도자에게 충분히 알려주어야 한다.[1] 설교를 만드는 과정을 통하여 당신이 경험한 성령님의 인도하심으로 인해 주님께 감사드리도록 기도 인도자에게 부탁하는 데 주저하지 말라. 강단에 선 설교자의 기도와 회중의 기도는 설교의 효과적인 전달을 위해 매우 중요하다.

베드로전서 2:11-12, 18-25에의 적용

실제로 위의 단계들을 거친 후, 설교를 시도하라.

---

1. 하지만 남아공 개혁교회의 예배에서 일반적으로 사회자, 대표 기도자, 그리고 설교자는 동일인(설교자)이다(역자 주).

부록

베드로전서 2:18-25의 사고구조 분석의 작은 단계(구문분석)

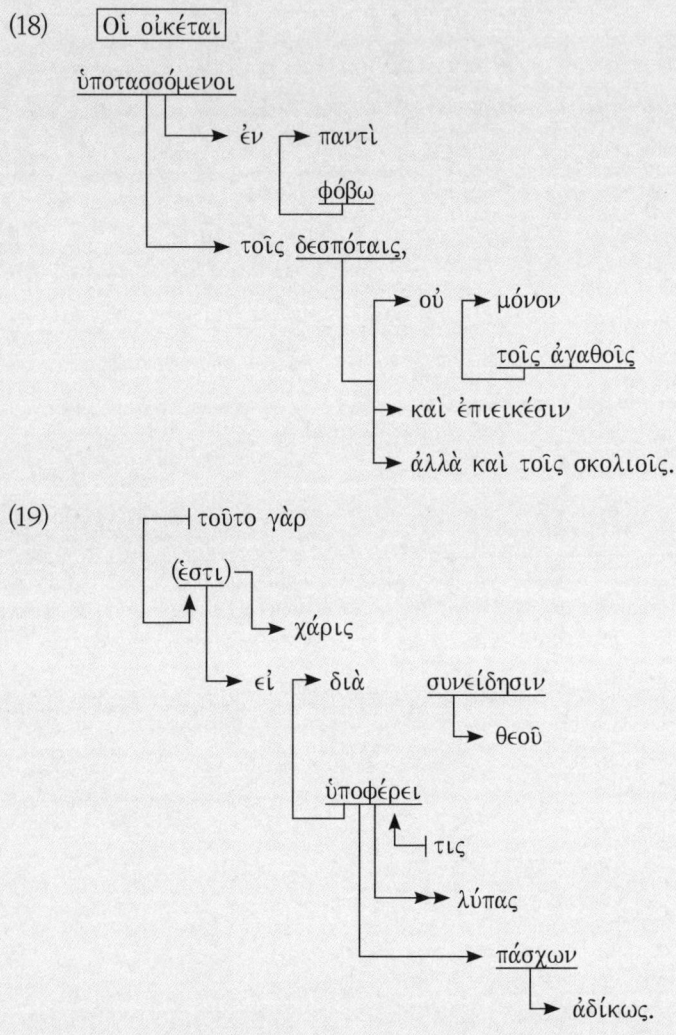

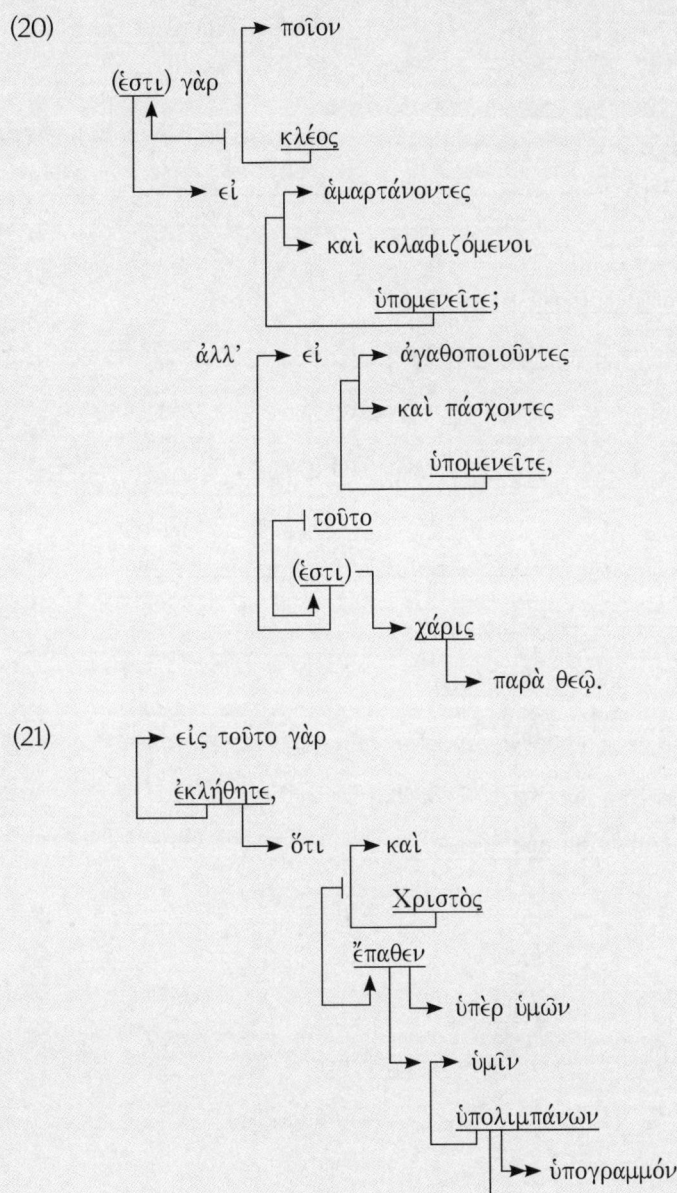

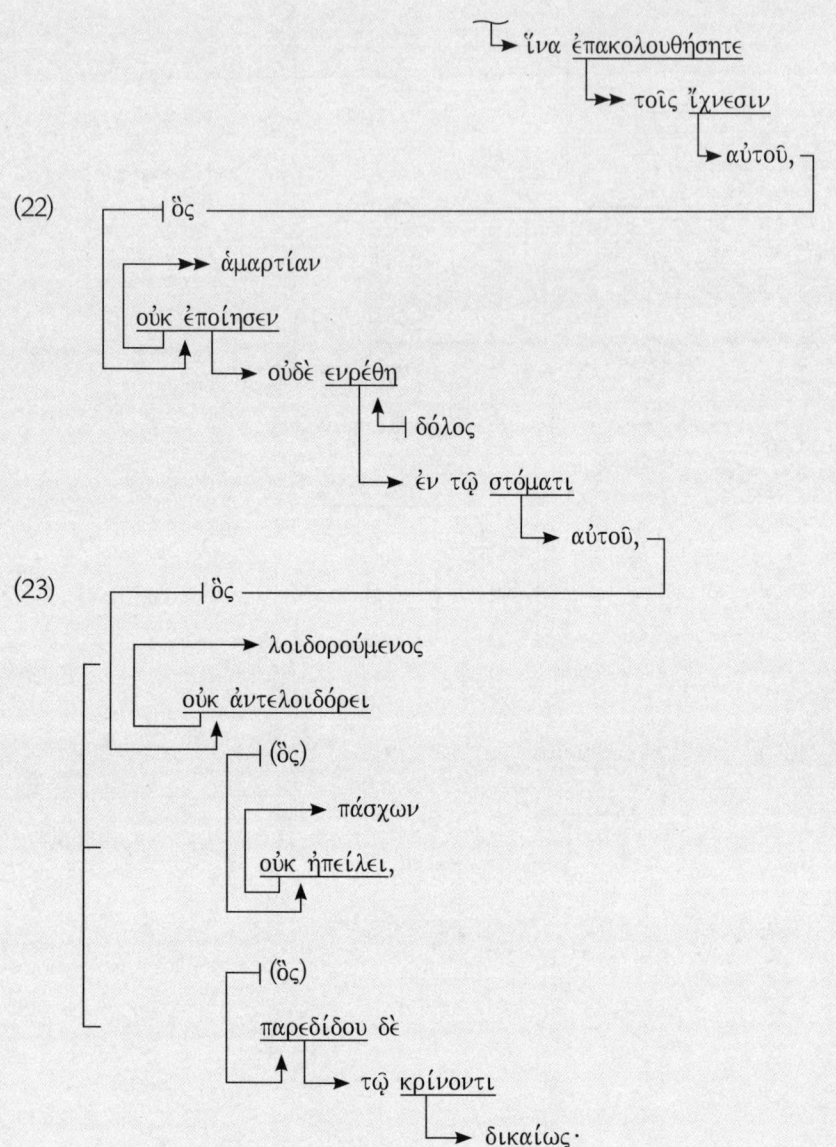

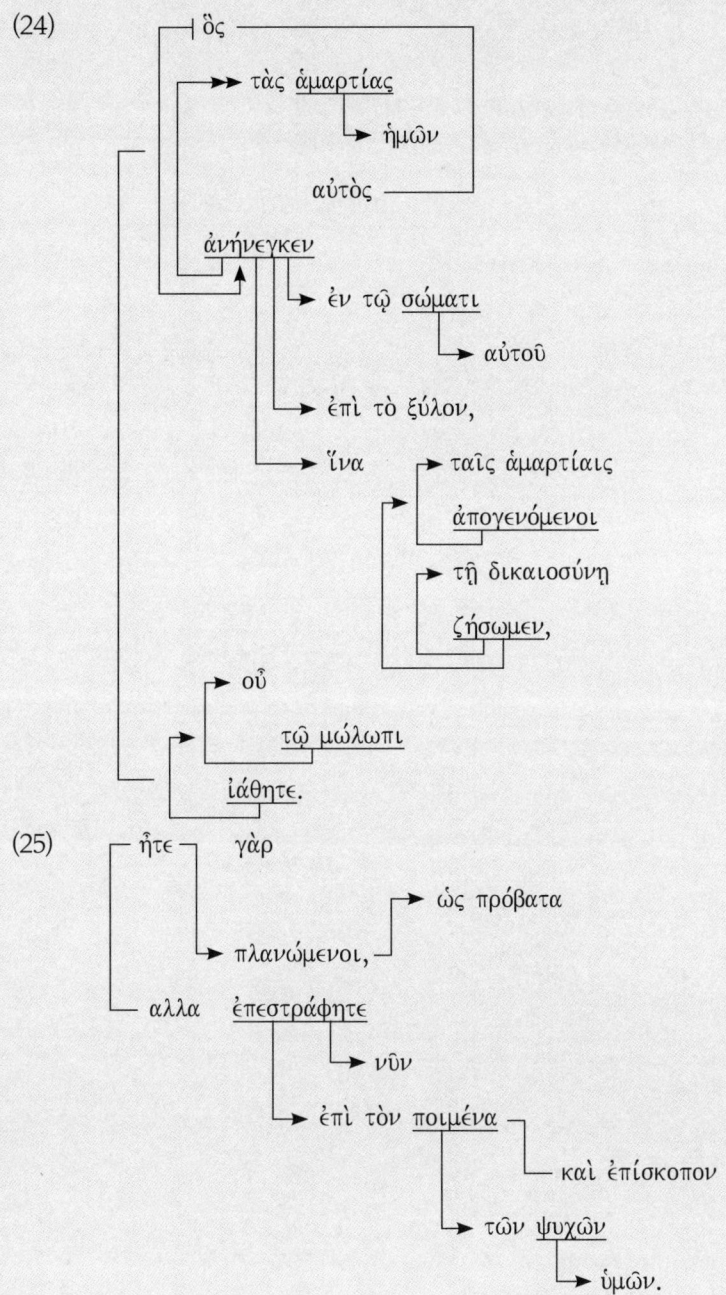